1일 1채소,
오늘의 수프

1일 1채소,
오늘의 수프

아리가 카오루 지음 | 이소담 옮김

RHK
알에이치코리아

수프니까 물을 넉넉하게 넣고 싶겠지만,
토마토를 눈으로 확인할 수 있을
정도로만 넣어요.

이건 토마토 맛 수프가 아니라
토마토를 맛보는 수프니까요.

좋아하는 버섯 4종류를 고르세요.

송이버섯, 표고버섯, 잎새버섯,
새송이버섯, 팽이버섯 등이 좋아요.

버섯을 4종류 이상 넣으면
맛과 향이 훨씬 깊어져요.

시금치는 잎이 두꺼워지고
줄기가 통통해지면 제철이에요.

줄기에 달라붙은 흙은
물에 잠깐 담가 두었다가 꺼내서
손으로 헤치며 흐르는 물에 씻어 주세요.

양배추는 잎이 흩어지지 않도록
심을 제거하지 않은 상태에서 이등분해요.

잎에 이쑤시개를 꽂아 두면
수프를 끓이는 동안에도 흩어지지 않아요.

🌿 최소한의 재료와 시간으로 최대한 맛있는 수프를

이 책에서 소개하는 수프는 최소한의 재료와 조미료로 만들었습니다. 이 책은 아주 심플한 레시피를 소개하고, 지금까지 책에서 잘 다루지 않았던 '수프 끓이는 기본적인 방법'을 알려드리는 것이 목적이랍니다.

레시피는 정말 간단해요. 수프를 처음 만드는 분도 쉽게 도전할 수 있도록 푹 끓이는 방법, 기름으로 채소를 볶는 방법, 노릇노릇 구운 자국을 내는 방법 등 조금이라도 어렵게 느껴질 수 있는 부분에는 자세한 설명을 더했습니다.

누구나 할 수 있는 간단한 조리 과정에 재료의 '진정한 맛을 끌어내는 방법'이 숨어 있습니다. 이 방법만 잘 익히면 언제든 맛있는 수프를 간편하게 만들 수 있습니다. 이 방법은 수프가 아닌 다른 요리를 만들 때도 응용할 수 있어요. 수프를 만들다 보면 이런 요령들을 익힐 수 있어서 저절로 요리 솜씨가 좋아질 거예요.

이 책의 큰 특징 중 하나는 수프마다 제철 채소를 한 종류만 듬뿍 사용한다는 점입니다. 수프 하나에 중심이 되는 채소는 딱 하나예요. 그 채소를 먹기 위해서 필요한 최소한의 재료와 조미료를 고민한 끝에 만들어 낸 레시피입니다.

'겨우 이게 다야?'

이렇게 생각될 정도로 간소한 요리지만 맛은 아주 좋아요. 채소가 원래 이렇게 맛이 깊었는지 새삼 감탄하실 거예요.

이 책에서 소개하는 수프는 채소 본연의 맛을 즐기는 데 중점을 두었으므로 국물이 넉넉한 찌개라고 불러도 좋을 만큼 건더기가 많아요. '채소를 먹기 위한 수프'라고 생각하시면 될 것 같아요. 은은한 갈색을 띤 수프에 잘게 썬 채소 조각을 띄운 수프와는 전혀 다릅니다.

🌿 365일 수프 생활이 알려 준 수프의 수수께끼

"저는 매일 수프를 만들어요."

처음 만난 사람에게 이렇게 말하면 대부분 표정이 부드러워져요. 자신이 어떤 수프를 좋아하는지 말하는 사람도 있고, 맛국물로 어떤 것이 좋은지 흥미를 보이는 사람도 있고, "저는 못 할 것 같아요……" 라며 그저 부러워하는 사람도 있어요. 이렇게 수프 이야기를 나누면서 '수프를 좋아하는 사람은 많지만, 집에서 일상적으로 만드는 사람은 그다지 많지 않다'는 사실을 알았습니다.

요리책에 실린 미네스트로네, 클램차우더, 어니언 그라탱 수프 같은 서양식 수프는 왠지 어려워 보입니다. 우리는 된장국 이외의 국물 요리는 시간과 수고를 들여 만들어야 하는 '수수께끼 가득한 요리'라고 여겨왔습니다.

그런데 2011년부터 매일 수프를 만들면서 그것에 얽힌 '수수께끼'가 하나둘 풀렸습니다. 동시에 차츰차츰 생활이 쾌적해졌습니다. 왜 그랬을까요?

가장 큰 이유는 식사 준비가 간단해진 덕분이에요. 수프는 귀찮은 조리 과정이 적고, 끓이는 정도나 소금 간에 따라 맛이 다양해서 실패하기 어려운 요리입니다. 또 채소를 많이 먹으니까 건강에도 좋죠. 몸이 안 좋을 때나 이른 아침 혹은 늦은 저녁에 먹어도 몸에 부담을 주지 않아요. 그리고 고기나 생선을 넣으면 메인 요리가 되고, 대량으로 만들어 둘 수 있으며, 남은 재료를 다 쓸 수 있으니 경제적이죠.

즉, 수프는 만드는 것도 먹는 것도 편하고 좋답니다.

🌿 바쁜 일상을 좀 더 편하게, 좀 더 즐겁게

제가 수프를 만들기 시작한 이유는 늦잠을 자는 아들 때문이었어요. 아침에 맛있는 수프를 만들어 주면 일찍 일어나지 않을까……. 이런 마음으로 1년 365일, 매일 아침 수프를 만들다 보니 습관이 되었습니다. 아들이 취직해서 독립한 지금도 매일 수프를 만들고 있어요. 왜냐하면 바쁜 현대인들이 식생활에서 겪는 어려움을 수프가 해결해 줄 수 있다고 믿기 때문입니다.

가족과 함께 살건 혼자 살건 매일 바쁘게 사는 사람에게 무엇을 먹을지 고민하고 만드는 것은 쉬운 일이 아니에요. 편의점 도시락이나 가공식품, 외식을 적절하게 이용해 집안일을 줄이는 것도 중요하지만, 그런 식생활로는 먹는 즐거움, 풍요로움을 느끼지 못하고 건강이 걱정되는 사람도 많지 않을까요? 맛의 선호도나 몸 상태, 또 지갑 사정을 고려해서 만들 수 있는 요리가 있으면 일상생활에 강력한 무기가 됩니다.

쉽게 구할 수 있는 채소, 고기, 생선을 넣어 만든 수프에 밥이나 빵을 곁들이면 훌륭한 한 끼가 돼요. 수프가 있으면 바쁜 일상을 좀 더 편하게, 좀 더 즐겁게 살 수 있으리라 믿습니다.

이 책과 인연을 맺은 분들이 수프와 함께하는 생활을 통해 맛있는 음식을 먹는 기쁨을 느끼고, 느긋하고 편안한 시간을 손에 넣으신다면 더할 나위 없이 행복할 것 같습니다.

목차

(1장) **봄**
Spring

(2장) **여름**
Summer

(3장) **가을**
Autumn

Column

제철 채소 Seasonal ingredients

요즘은 계절에 관계없이 어떤 채소든 살 수 있는 시대예요. 원래 그 채소가 나지 않는 시기라도 온도를 조절하여 하우스 재배하고 계절이나 기온이 다른 외국에서 수입하는 방법으로 그 채소를 손에 넣을 수 있게 됐어요.

하지만 어떤 채소라도 자연 섭리에 따라 노지 재배로 성장하는 시기는 1년 중 어느 계절로 일정하게 정해져 있습니다. 봄에는 산나물과 새싹채소, 여름에는 과채류, 가을·겨울에는 뿌리채소, 이렇듯 사계절에 맞춰 출하되는 채소가 다릅니다.

제철은 그 채소를 먹기 가장 적합한 계절입니다. 제철 채소는 맛만 좋은 것이 아니라 가격도 저렴하고, 그 계절을 날 때 몸에 필요한 영양소가 가득하죠. '제철'이라는 한 단어로 표현하지만, 출하가 시작되는 '맏물'이 있고 맛이 가장 좋은 '중물'이 있고 종반인 '끝물'이 있습니다. 1년 내내 볼 수 있는 채소도 맛의 정점에 해당하는 '중물'은 겨우 2주 정도라고 합니다. 중물 시기에는 감칠맛도 강하고 향도 진하니 매일같이 먹고 싶을 정도예요.

제철 채소를 사용하면 수프를 아주 간단하게 만들 수 있어요. 채소의 감칠맛이 그대로 수프의 맛으로 우러나 다른 것을 추가로 넣지 않아도 되거든요. 채소의 제철을 알고 맛있는 제철 채소로 요리하는 것이 요리를 쉽고 빠르게 하는 방법입니다.

봄

아스파라거스
(4~6월)

부추
(3~5월)

양배추
(3~6월)

유채
(2~4월)

여름

옥수수
(7~9월)

피망
(6~8월)

오이
(6~8월)

가지
(7~9월)

토마토
(6~8월)

여주
(6~8월)

가을

감자
(9~11월)

버섯
(9~12월)

양파
(9~11월)

당근
(10~12월)

순무
(9~11월)

겨울

대파
(12~2월)

소송채
(11~2월)

브로콜리
(12~3월)

배추
(12~2월)

무
(10~2월)

시금치
(11~2월)

이 책의 사용법

계량

1큰술 = 15㎖, 1작은술 = 5㎖, 한 자밤 = 0.9g입니다.

조미료

소금은 천연염(천일염과 같이 식품첨가물을 넣지 않은 소금)을 썼어요.
1작은술은 5g입니다.
정제염을 쓴다면 1작은술이 소금 6g이니 조금 줄여 주세요.

불 조절

센 불 = 냄비 바닥에 불길 전체가 닿는 정도
중간 불 = 냄비 바닥에 불길 끝이 닿는 정도
약한 불 = 냄비 바닥에 불길이 직접 닿지 않는 정도
가스레인지와 인덕션, 냄비의 종류에 따라서 화력이나 가열 시간이
달라집니다. 표기한 시간을 기준으로 삼고 조절해 주세요. 조절 방
법은 32쪽 칼럼에서 소개합니다.

물 조절

바특이 = 재료가 물에 잠길락 말락 한 정도
가득히 = 재료가 물에 딱 잠기는 높이
물을 소량 사용하여 푹 삶을 때는 도중에 뚜껑을 열어 눌어붙지 않
았는지 확인해 주세요. 눌어붙는다 싶으면 물을 더 넣어 주세요.

양배추
아스파라거스
유채
부추

구운 양배추 수프

🕐 25분

양배추 1/4개
베이컨 40g
소금 1작은술
샐러드유 1과 1/2큰술
물 600㎖ 전후

"묵직하고 좌우 대칭이어야 좋다."

조리법

1 양배추 1/4개를 반으로 썬다. 잎이 흩어지지 않도록 이쑤시개를 꽂아 둔다.

2 깊은 프라이팬에 샐러드유 1큰술을 두르고 달군 뒤, 양배추를 나란히 놓고 구운 자국이 생길 때까지 중간 불로 4분 정도 굽는다.

3 양배추를 뒤집고, 샐러드유 1/2큰술을 넣는다. 베이컨을 넣고 앞뒤로 굽는다. 양배추에 구운 자국이 생기면 물 600㎖와 소금 1작은술을 넣는다.

4 물이 끓어오르기 시작하면 약한 불로 줄여 양배추가 부드러워질 때까지 뚜껑을 덮고 15분 정도 끓인다. 마지막에 맛을 보고 소금으로 간을 맞춘다.

Tip 1 양배추 밑 손질

양배추 1/4개는 잎이 흩어지지 않도록 심을 제거하지 않은 상태에서 이등분한다. 수프가 끓는 동안 양배추가 분리되지 않도록 사진과 같은 위치에 이쑤시개를 꽂는다.

Tip 2 양배추에 구운 자국 만들기

프라이팬에 기름을 두르고 달군 뒤, 양배추를 가지런히 놓는다. 중간 불에서 최대한 움직이지 않고 주걱 등으로 양배추를 냄비 바닥에 눌러 구우면 균일하게 구운 자국이 생긴다.

양배추를 3~4분 정도 구운 후, 한쪽 끝을 들어 잘 구워졌는지 확인한다. 구운 자국이 생겼다면 뒤집어서 뒷면도 마찬가지로 굽는다. 양배추가 기름을 흡수하므로 기름 1/2큰술을 더 넣는다. 베이컨도 넣어 같이 굽는다.

일식 느낌의 밥반찬용 수프로 변신

구운 양배추와 다진 고기 일본풍 수프

재료 2인분 기본 재료 + (베이컨 대신) 다진 돼지고기 + 간장

조리법

- ✓ 기본 조리법 **3**에서 베이컨 대신 다진 돼지고기 80g을 넣고, 소금은 1/2작은술로 줄이고, 간장 1큰술을 넣으면 된다.
- ✓ 기본 조리법 **4**에서 끓이는 시간을 30분 정도로 길게 잡으면 다진 고기와 부드러운 양배추 잎이 잘 어우러져 먹기 좋은 수프가 된다.
- ✓ 간장은 풍미를 내기 위해 마지막에 넣어 준다.

비건을 위해 양배추만으로 완성

구운 양배추와 레몬 수프

재료 2인분 기본 재료 + (베이컨 대신) 레몬 + 올리브유

조리법

- ✓ 기름은 풍미 있는 올리브유로 바꾸고, 레몬즙 1/2작은술 정도를 마지막에 추가한다. 자칫 밍밍할 수 있는 양배추 맛을 레몬 산미가 확 잡아 주어 아주 맛있다.
- ✓ 레몬 껍질을 썰어서 장식한다.

그린 아스파라거스 수프

🕐 15분

재료	그린 아스파라거스
2인분	2단(250~300g)
	올리브유 1큰술
	소금 1/2작은술
	레몬즙 1/2작은술(약 1/4개)
	물 300㎖

"봉오리가 잘 오므라진 것을 듬뿍."

조리법

1 뿌리 쪽 껍질을 벗기고 밀방망이로 가볍게 두드린 아스파라거스를 3~4조각으로 비스듬하게 썬다. 껍질도 버리지 않는다.

2 냄비에 봉오리를 제외한 아스파라거스와 껍질을 나란히 놓고, 물 50㎖와 올리브유 1큰술을 넣는다.

3 냄비를 중간 불에 올린 다음, 뚜껑을 덮어 3분간 찐다.

4 3분 후 껍질을 꺼낸다. 봉오리 쪽 아스파라거스를 넣고 전체적으로 뒤섞은 뒤, 물 50㎖를 넣고 부드러워질 때까지 4분 정도 가열한다.

5 물 200㎖, 소금 1/2작은술을 넣고 조금 더 끓인 후, 소금으로 간을 맞춘다. 레몬즙 1/2작은술(너무 많이 넣지 않도록 주의)을 넣는다. 취향에 따라 레몬 껍질의 노란 부위를 긁어내 잘게 썰어서 뿌린다.

Tip 1 아스파라거스 밑 손질

먼저 뿌리를 1cm 정도 잘라내고, 아래쪽 1/2 정도의 껍질을 벗긴다. 껍질은 버리지 말 것.

다음으로 국물이 잘 스며들도록 밀방망이로 뿌리를 가볍게 두드려 준다. 너무 세지 않도록 힘 조절에 유의하며 금이 살짝 생길 정도로 두드린다.
(가는 아스파라거스는 두드리지 않아도 괜찮다.)

먼저 줄기와 껍질을 삶아 아스파라거스의 감칠맛을 남김없이
끌어낸다. 껍질은 건져내기 쉽게 냄비 한쪽에 모아 둔다.
(가느다란 아스파라거스는 금방 익으므로 봉오리까지 한꺼번에 넣
고, 3분이 지나면 껍질을 건져내고 곧바로 물을 붓는다.)

3분 후 껍질을 꺼낸 다음, 봉오리를 넣고 전체적으로 뒤섞은
후, 물 50㎖를 넣는다. 다시 3~5분간 푹 삶는다. 아스파라거스
두께에 따라 시간을 조절한다.

수란을 넣어 색다른 수프로

아스파라거스와 수란 수프

재료 2인분 **기본 재료** + (레몬 대신) 달걀

조리법

✓ 수란을 만들기 위해 용기에 달걀을 깨뜨리고, 냄비
에 뜨거운 물을 충분히 끓인다. 젓가락으로 물에
소용돌이를 만들고, 최대한 낮은 위치에서 미끄러
뜨리듯이 달걀을 넣으면 소용돌이를 따라 자연스
럽게 굳는다. 수란이 익을 때까지 2분 30초 정도
더 끓이고 국자로 건져낸다. 완성된 수프에 수란을
곁들인다.

유채 안카케 수프
야키소바

🕐 15분

<table>
<tr><td>재료

2인분</td><td>유채 1단(150g 전후)
참기름 3큰술 정도
소금 1작은술
전분 1큰술
물 400㎖
야키소바 2개</td><td></td></tr>
</table>

"봉오리가 단단하고 탱탱한 것이 좋다."

조리법

1 프라이팬에 참기름 1큰술을 두르고, 야키소바를 넣어 중간 불로 4분 정도 노릇노릇해질 때까지 고르게 굽는다.

2 야키소바를 뒤집어서 참기름 1큰술을 넣고 구운 후, 꺼내서 접시에 담는다.

3 유채를 2cm 폭으로 큼지막하게 썬다(봉오리는 썰지 않는다).

4 깊은 프라이팬에 썬 유채, 소금 1작은술, 참기름 1큰술, 물 100㎖를 넣고 뚜껑을 닫아 센 불에서 익힌다. 2분 후 물 300㎖를 추가해 펄펄 끓인다.

5 전분 1큰술을 같은 양의 물에 넣고 녹여서 걸쭉하게 만든다. 전분물을 야키소바에 끼얹는다.

Tip 1 야키소바를 튀기듯 굽기

야키소바는 봉지에 든 채로 전자레인지에 넣고 40초 정도 돌리면 잘 풀어진다. 프라이팬을 이용해 최대한 손대지 않고 노릇노릇하게 구운 자국을 만든다. 중간 불로 4분 정도 굽고, 뒤집어서 기름 1큰술을 넣어 튀기듯 굽는다.

Tip 2 유채를 단숨에 삶기

유채는 뚜껑을 덮고 센 불로 단숨에 익힌다. 2분 정도면 금방 숨이 죽는다. 뚜껑을 열었을 때 사진처럼 됐다면, 가볍게 섞고 물을 추가한다. 너무 오래 끓이면 맛이 없으니 빠르게 한다.

불 냄비가 내는 소리가 중요해요

레시피에서 가장 설명하기 어려운 부분이 '불 조절'입니다.

가스레인지의 손잡이에 달린 눈금을 보며 '이건 중간 불, 이 정도가 약한 불'이라고 판단할 순 있어요. 하지만 그것만으로 올바른 불 조절이라고 할 순 없습니다. 그보다는 '화력에 따라 냄비의 수프나 재료의 상태가 어떻게 변하는지'를 알아 두면 어떤 가스레인지나 냄비를 쓰더라도 맛있게 요리할 수 있습니다.

사실 불 조절은 요리할 때 나는 소리와 밀접하게 연관이 있어요. 보글보글, 부글부글, 폴폴, 달그락달그락. 이런 소리로 요리와 불의 관계를 알 수 있죠.

수프를 만들 때는 중간 불을 가장 많이 쓰는데요, 중간 불은 불꽃 끝이 냄비 바닥에 닿는 정도의 화력을 가리킵니다. 수프를 끓이면 수면이 부글부글 움직이는데, 냄비가 가득 차 있지 않으면 재료가 그 흐름을 타고 위아래로 움직여요. 표면은 보글보글 끓어오르죠. 또 수프를 준비하는 첫 단계에서 채소를 볶거나 찔 때도 중간 불을 주로 써요. 볶을 때 너무 시끄럽게 지글지글 소리가 나거나 물이 금방 증발해서 타닥타닥 소리가 나면 화력이 너무 세다는 뜻이에요.

수프를 만들 때 가장 적합한 불 상태는 약한 불입니다. '보글보글 끓인다'란 냄비 바닥에 불이 직접 닿지 않는 약한 불 상태로 조리하는 것을 가리켜요. 그보다 불을 더 약하게 줄인, 꺼지기 직전의 불

은 뭉근한 불이죠. 귀를 기울여도 끓는 소리가 들릴락 말락 하는 정도
죠. 이 책에서 1시간 이상 약한 불로 끓이는 수프는 포토푀 정도인데
요, 약한 불을 자유자재로 다룰 줄 알면 수프를 얼마나 끓일지 스스로
시간을 조절할 수 있습니다. 부용 같은 맑은 수프를 만들 때는 냄비가
보글보글 끓지 않게 유지하는 것이 중요해요.

센 불은 요리 초반에 프라이팬을 달굴 때나 대량의 물을 끓일 때
써요. 참고로 가스레인지는 화력을 최대로 하면 냄비 밖까지 불길이
넘실거려요. 그렇게 되지 않게 냄비 바닥에 불길이 가려지는 정도로
조절하면 가스 낭비를 줄일 수 있습니다.

소리 외에도 조리 상태, 냄새, 열 등 오감을 써서 냄비를 관찰하다
보면 그 요리에 적당한 화력을 알게 됩니다. 요즘은 가스레인지나 인
덕션의 성능이 좋아져서 스스로 판단해 화력을 조절해 주지만, 자신
이 직접 조절하며 불 위에서 변화하는 음식의 소리를 관찰하는 것도
요리의 즐거움 중 하나랍니다. 냄비가 내는 소리를 듣고 수프가 어느
정도의 불로 끓고 있는지 알 수 있다면 당신은 수프 달인입니다.

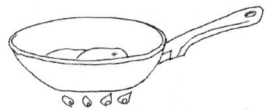

☑ 콜레스테롤은 낮추고 포만감은 높여 주는 건강식

두부 수프 셴토장 *

🕒 5분

• 두유에 식초를 넣어 순두부처럼 만든 수프, 대만에서 아침 식사로 즐겨 먹는 메뉴다.

재료

1인분

무첨가 두유 200㎖

식초 2작은술

간장 1작은술

벚꽃새우 3g(1작은술 정도)

가늘게 썬 자차이 10g(1작은술 정도)

잘게 다진 실파

5g(가느다란 실파 1~2개)

라유 적당량

"달지 않은 무첨가 두유."

조리법

1 수프 그릇에 식초 2작은술, 간장 1작은술을 넣는다.

2 내열 용기에 두유 200㎖, 벚꽃새우, 자차이를 넣고 500W 전자레인지로 3분
  (600W로 2분 30초) 정도 데운다.

3 데운 두유를 ①의 그릇에 붓고 숟가락으로 가볍게 섞으면 굳기 시작한다.

4 수프 위에 다진 실파를 뿌린다. 취향에 따라 라유 같은 향신료나 다른 재료를
  추가한다.

Tip 1 두유 고르기

두유는 꼭 '무첨가 두유'를 사용한다. 첨가물이 들어간 두유나
맛을 낸 두유는 단맛이 나서 굳지 않을 수 있다.

Tip 2 두유를 굳히는 방법

두유는 그냥 데우면 굳지 않는데 식초와
간장 같은 염분을 넣으면 순두부처럼 부들
부들하게 굳는다. 1인분이라면 전자레인
지가 편리하다. 4인분 정도 되는 양을 데울
때는 들러붙기 쉬우니 냄비를 사용한다.

빵과 달걀 수프

⏱ 10분

재료	식빵 1장
2인분	달걀 2개
	분말 치즈 가득 담은 2큰술(20~30g)
	소금 약간
	물 400㎖

"식빵, 바게트, 깜파뉴 등 취향에 따라 고른다."

조리법

1 빵은 적당한 크기로 찢는다. 달걀은 그릇에 깨트려 잘 섞고 그 위에 분말 치즈를 뿌린다.

2 물 400㎖를 넣고 끓인 냄비에 소금 두 자밤과 찢은 빵을 넣는다.

3 중간 불로 낮춰 다시 끓기 시작하면 ①의 달걀을 넣고 20분 정도 더 끓인 후에 불을 끈다.

Tip 1 **빵은 취향에 따라**

빵은 취향에 따라 고른다. 시간이 지나 살짝 딱딱해진 빵도 맛있게 먹을 수 있다. 딱딱한 바게트나 깜파뉴처럼 단단한 빵이라면 씹는 맛이 좋다. 전립분 빵이나 호밀빵도 잘 어울린다. 단, 데니쉬처럼 달콤한 빵이나 호두 같이 딱딱한 열매가 든 빵은 수프에 어울리지 않는다.

Tip 2 **빵과 달걀을 익히는 방법**

식빵처럼 부드러운 빵은 뭉그러지므로 너무 오래 끓이지 않는다. 껍질이 딱딱한 바게트나 깜파뉴도 1분 30초면 충분하다. 끓기 시작하면 빵이 뭉그러지기 전에 달걀을 넣는다.

부추와
돼지고기 수프

🕐 15분

"부추는 향이 강한 것이 좋다."

"매운 걸 못 먹는다면 생략해도 OK."

재료	
2인분	부추 1단(약 100g)
	다진 돼지고기 80~100g
	생강 1조각(10~15g)
	고추 1/2개(썰린 것도 괜찮다)
	소금 1작은술
	전분 1큰술
	참기름 약간
	물 500㎖

조리법

1 부추는 8mm 폭으로 썬다. 생강은 잘게 다진다. 다진 돼지고기는 볼에 넣고 뜨거운 물을 부은 뒤, 소쿠리에 건져 놓는다.

2 냄비에 다진 돼지고기, 생강, 물 500㎖, 소금 1작은술을 넣고 센 불로 끓인다.

3 보글보글 소리가 나면 약한 불로 줄여 5분 정도 끓인다. 끓이는 도중에 씨앗을 제거하고 둥글게 썬 고추를 넣는다.

4 전분을 같은 양의 물에 녹인다. 불을 강하게 조절하고, 전분물을 조금씩 넣으며 걸쭉하게 만든다.

5 부추를 한꺼번에 넣어 섞어 주고, 20초 정도 지나면 불을 끈다. 마무리로 참기름을 넣는다.

Tip 1 부추를 네모나게 썰기

부추는 가로세로가 비슷한 크기가 되도록 썬다. 정사각형과 가까운 형태가 식감이 좋다.

다진 고기를 볼에 넣고 뜨거운 물을 부어 표면이 하얘지면 소쿠리에 건져 둔다. 이렇게만 해도 떫은맛과 지방이 제거되어 맑은 수프가 된다.

면을 넣어 라면으로 변신

부추 라면

재료 2인분　기본 재료 + 중화면 + 중화 맛국물

조리법

✔ 기본 수프에 삶은 중화면을 넣는다.

　Tip 중화면은 가느다란 건면이 편리하다. 인스턴트 라면을 써도 좋다.

✔ 맛을 진하게 하고 싶을 때는 중화 맛국물을 조금 더 넣어 준다.

쌀쌀한 초봄에도 따뜻하게

새우와 부추 수프

재료 2인분　기본 재료 + (다진 돼지고기 대신) 새우살

조리법

✔ 기본 조리법 2에서 다진 돼지고기 대신에 새우살 80g을 잘게 찢어 넣는다.

✔ 새우를 넣고 3분 정도 지나 색이 변하면 고추, 전분물, 부추를 넣는다.

　Tip 새우는 오래 끓이면 딱딱해지므로 다진 고기를 끓이는 시간만큼 끓이지 않는다.

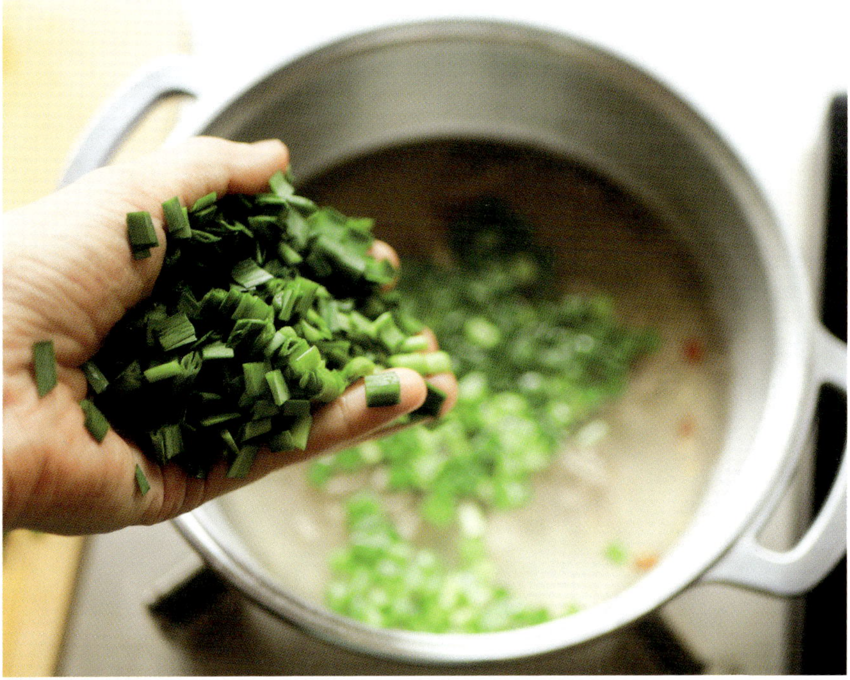

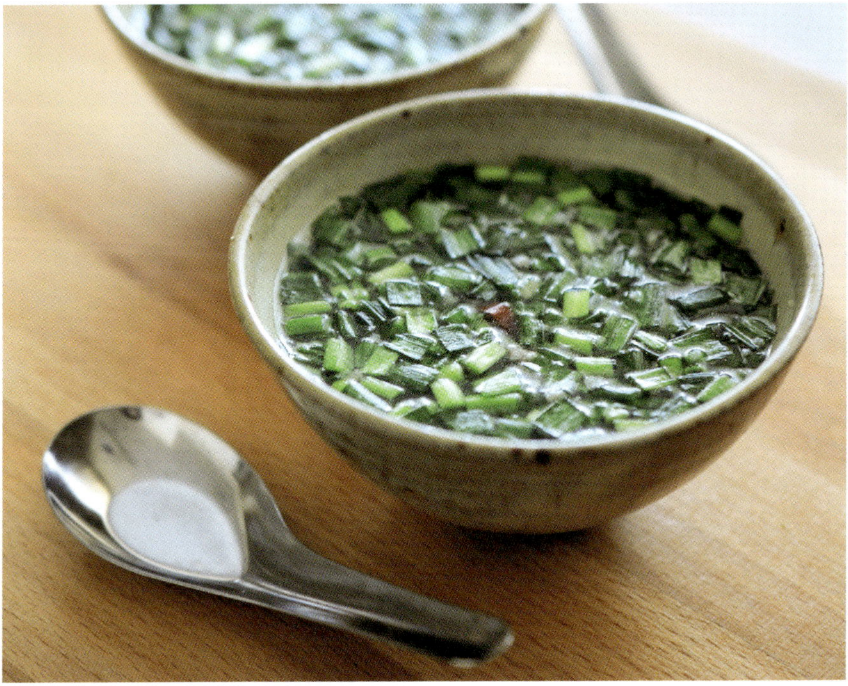

소금 그때그때 달라요

이 책에는 조미료로 소금만 쓰는 레시피가 많아요. "역시 좋은 소금을 써야 할까요?" 이런 질문이 들리는 것 같은데 천연염이든 정제염이든 평소 쓰는 소금을 사용하면 됩니다. 그보다 더 중요한 것이 있답니다.

바로 소금을 재는 방법이죠. 소금은 밥을 지을 때 쌀 분량을 재듯이 정확하게 재야 합니다. '소금 1작은술'은 바슬바슬한 정제염이라면 6g, 굵은 소금이라고 불리는 천연염이라면 5g입니다. 제 레시피는 천연염이 기준이니 정제염을 쓴다면 양을 조금 줄여 주세요.

'소금 한 자밤'은 엄지, 검지, 중지로 붙잡는 양으로, 보통 1g 전후예요.

이렇게 소금 분량을 정해도 냄비 크기나 화력에 따른 수분 증발량, 사람마다 혀가 느끼는 감각, 몸 상태에 따라서 소금 간이 달라질 수 있습니다.

레시피에서 '맛을 보고 간 맞추기'를 전부 굵은 글씨로 강조하고 싶을 만큼 '맛보기'는 중요합니다. 처음에는 맛을 보고 간을 맞추는 게 알쏭달쏭할 수 있지만, 완성된 요리를 먹다 보면 '아아, 아까 소금을 더 넣었더니 조금 짜구나!' 하고 차츰 깨닫게 돼요. '맛보기'를 습관화하면 요리 솜씨가 좋아집니다.

토마토
옥수수
피망
오이
여주
가지

2장 | **여름**

Summer

제철 토마토
심플 수프

🕐 15분

<table>
<tr><td>

재료

2~3인분
</td><td>

방울토마토 2팩(400g 전후)

양파 1/2개

올리브유 2큰술

소금 1작은술

물 350㎖
</td><td></td></tr>
</table>

"새빨갛게 익은 큰 토마토도 좋다."

조리법

1 토마토는 꼭지를 따 반으로 자른다. 양파는 얇게 썬다.

2 두꺼운 냄비에 양파와 올리브유를 넣고 센 불에 올려 2분 30초 정도 섞어 주며 볶는다.

3 토마토와 소금 1작은술을 넣고 가볍게 섞은 뒤, 중간 불로 낮추고 뚜껑을 덮어 8분 정도 더 가열한다.

4 뚜껑을 열고, 물 350㎖를 넣고 끓인 뒤, 소금으로 간을 맞춘다.

Tip 1 **수프에 어울리는 토마토**

토마토에는 '도색계 토마토'와 '적색계 토마토'가 있는데, 적색계 토마토가 수프에 적합하다. 도색계 토마토는 생식에 어울리며 완숙해도 색이 연한 도태랑이 대표적이다.

수프에 어울리는 적색계 토마토는 방울토마토나 중옥토마토가 있다. 특유의 향과 산미, 풍미가 강한 '산 마르자노 토마토' 등도 끓이는 요리에 어울린다.

뚜껑을 덮고 가열하기

뚜껑을 덮으면 채소의 수분을 이용해 익힐 수 있다. 먼저 양파를 센 불로 볶아 숨을 죽이고, 뚜껑을 덮어 1~2분간 푹 삶듯이 끓인다. 양파 특유의 톡 쏘는 냄새가 사라지면 완성. 자극적인 냄새가 남아 있다면 조금 더 가열한다.

토마토와 소금을 넣고 뚜껑을 덮어 8분 정도 더 가열한다. 이따금 뚜껑을 열어 섞어 준다.

Tip 3 물의 양은 약간 적게

수프이니 물을 넉넉하게 넣고 싶겠지만, 물은 토마토를 눈으로 확인할 수 있을 정도로만 적당히 넣는다. '토마토 맛 수프'가 아니라 '토마토를 맛보는 수프'니까. 올리브유를 넣은 수프는 짠맛을 조금 강하게 내도 맛있다.

여름 채소를 듬뿍 넣은 여름의 맛

토마토와 가지와 피망 수프

재료 2~3인분 **기본 재료 + 가지 + 피망**

조리법

✓ 기본 조리법 3에서 토마토와 둥글게 썬 가지 1개를 함께 넣는다.

  Tip 가지 껍질은 줄무늬 내듯이 필러로 벗기면 수프의 색을 선명하게 유지할 수 있다.

✓ 기본 조리법 4에서 물과 마구 썬 피망 1개를 함께 넣는다.

통옥수수
하나 가득 수프

🕐 20분

재료	옥수수 2개
2~3인분	버터 20g
	소금 1/2작은술
	물 400㎖

"수염이 갈색이어야 잘 익었다는 증거."

조리법

1   옥수수 껍질을 벗기고 둥글게 썰어 식칼로 알갱이를 깎는다.

2   냄비에 버터 20g을 넣고 불에 올린다. 녹기 시작하면 옥수수 알갱이를 넣고 구수한 향이 날 때까지 약 5분 정도 물을 조금씩 부으며 약한 불과 중간 불 사이의 화력으로 볶는다.

3   냄비에 소금 1/2작은술, 물 400㎖를 넣고, 끓기 시작하면 뚜껑을 덮어 약한 불로 10분간 끓인다.

4   취향에 따라 소금을 넣으면 완성. 먹기 전에 버터(기본 재료 외 분량)를 올려도 좋다.

Tip 1   옥수수 알갱이를 식칼로 깎는 방법

옥수수 알갱이는 식칼로 쉽게 깎을 수 있다. 옥수수 껍질을 벗기고 먼저 사등분한다. 힘이 잘 들어가도록 식칼의 칼자루와 가까운 곳으로 썰어 준다. 옥수숫대가 단단하니 손을 다치지 않게 조심한다.

다음으로 식칼을 최대한 알갱이 뿌리 쪽에 대고 깎아 준다. 옥수숫대를 손가락으로 단단히 누르고 힘을 줘서 깎는다. 위치를 조금씩 옮기며 5번 정도 깎으면 알갱이를 다 떼어낼 수 있다. 계속하다 보면 익숙해진다.

옥수수를 넣은 냄비를 불 위에 올려놓고 진득하게 기다리다가 냄비 바닥이 타기 시작하면 물 1큰술을 넣고 바닥을 긁어내듯이 더 볶아 준다. 버터도 옥수수도 타기 쉬운 재료인데, 약간 타도 맛있다.

하얗던 옥수수가 투명한 노란색으로 바뀌고, 옥수수의 풋내가 가열한 곡류 특유의 향으로 바뀌기 시작하면 볶기 종료!

우유를 넣어 더 부드럽게

콘 포타주

재료 2~3인분 **기본 재료 + 크루통**

조리법

✓ 기본 조리를 마친 수프를 불에서 내려 핸드블렌더로 갈아 준다. 부드러워지면 취향에 따라 우유를 더 넣는다.

✓ 크루통은 네모나게 썬 빵을 프라이팬에 넣고 약한 불에서 볶다가 마지막에 버터를 넣어 노릇노릇하게 구우면 완성. 크루통을 콘 포타주에 곁들인다.

씨까지 먹는
피망 수프

🕐 10분

재료	피망 2~4개(약 100g)
2인분	염장 다시마 5g(약 1큰술)
	소금 1/2작은술
	샐러드유 1/2~1작은술
	물 500㎖

"진한 녹색에 부드러운 게 좋다."

조리법

1 피망은 세로로 이등분한다. 씨와 꼭지를 떼어 내지 않아도 된다.

2 깊은 프라이팬을 중간 불에 올려 샐러드유를 두르고, 피망을 껍질이 아래로 가도록 넣는다. 주걱으로 냄비 면에 꾹 누르면서 중간 불로 3분 정도 양면에 구운 자국이 나도록 굽는다.

3 냄비에 염장 다시마 5g, 물 500㎖를 넣고 중간 불로 5분 정도 끓인다.

4 마지막에 맛을 보고 소금을 1/2작은술 정도 넣어 간을 맞춘다.

Tip 1 피망은 씨까지 사용한다

피망은 반으로 썰어 씨까지 다 사용한다. 피망 씨는 먹을 수 있고 영양도 풍부하다.
(제철이 막 시작된 시기에는 부드러운데 시간이 지나면서 딱딱해진다.)

Tip 2 피망 굽는 방법

깊은 프라이팬을 중간 불로 가열한 뒤, 피망을 껍질 쪽부터 넣고 굽는다. 주걱을 이용해 냄비 면에 꾹 밀면서 구운 자국을 낸다. 3~4분 정도 구워 노릇노릇해지면 완성.
(철제 프라이팬이라면 기름을 1작은술 정도 넣는다.)

오이와 생강
콩소메 수프

⏱ 5분

재료	
1인분	

오이 1개
건조 미역 1작은술
생강 1개
콩소메 스톡 1/4개
소금 1/3작은술(2g)
물 300㎖

"돌기가 뾰족뾰족한 것이 신선하다."

조리법

1 콩소메 스톡을 사등분한다(과립형 콩소메는 1/2작은술).

2 냄비에 물 300㎖, 콩소메 스톡 1/4개, 얇게 썬 생강을 8조각 정도 넣고 중간 불로 끓인다.

3 약한 불로 줄이고, 얇게 썬 오이를 냄비에 넣는다.

4 건조 미역 1작은술을 넣고 30초 정도 끓인 후에 불을 끈다. 소금으로 간을 맞춘다.

Tip 1 맛을 내는 조미료는 조금만

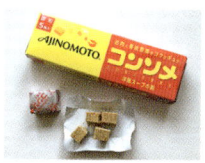

감칠맛을 내는 콩소메 스톡 같은 조미료를 사용하면 금방 맛있어지지만, 모든 수프가 똑같은 '콩소메 맛'이 되고 만다. 콩소메 맛이 채소의 풍미를 해치지 않도록 정해진 양의 1/4만 사용한다.

Tip 2 오이를 써는 방법

오이를 얇게 썰 때는 채칼을 이용해서 냄비에 직접 대고 썰면 편하다. 녹색이 비교적 연한 부분부터 슬라이스해 준다. 끝으로 갈수록 점점 짤막해지니 손가락을 다치지 않게 조심한다.

감칠맛 습관적으로 조미료를 사용하지 않나요?

된장국에서 맛국물을 뺄 수 없듯이 수프를 만들 때 콩소메 스톡이 없으면 안 된다고 생각하는 사람이 많아요. 습관적으로 냄비에 퐁당 떨어뜨리는데, 어떤 효과를 위해서 쓰는지 알고 있나요?

양식에 쓰는 부용(=국물)을 본격적으로 만들려면 시간이 오래 걸려요. 소고기나 닭 뼈나 고기, 향미 채소나 허브를 커다란 냄비에 넣고 8시간에서 10시간 정도 푹 고아야 합니다. 고기의 뼈와 골수에서 나오는 농후한 감칠맛이 국물에 배어나려면 그만큼 시간이 걸리기 때문인데, 가정에서 간단히 따라 할 수 없죠.

그런 본격적인 부용의 '감칠맛'과 '향' 성분이 응축되어 있고 '간'도 맞춰 주는 조미료가 콩소메 스톡입니다. 상품에 적힌 원재료를 보면 정제염과 설탕 같은 조미료, 치킨추출액, 비프추출액, 효모추출액 같은 감칠맛을 내는 원료, 향신료, 전분과 콜라겐처럼 살짝 식감을 내기 위한 원료 등이 균형적으로 배합되어 있습니다. 뜨거운 물에 녹이기만 하면 거의 완벽한 수프가 만들어지죠.

콩소메 스톡을 쓰면 맛이 다 똑같아진다는 말을 종종 들어요. 콩소메 스톡 자체가 요리 실력이 없는 사람이라도 똑같은 맛을 낼 수 있도록 만든 제품이니 당연합니다.

또 먹어 보고 느낀 사람도 있을 텐데요, 콩소메 스톡이 내는 '감칠맛'과 '향'은 여러 재료를 끓여서 만든 부용과 비교하면 인공적이고 너무 진합니다. 채소나 고기의 맛을 지울 정도로 강하고, 반복해서 먹다 보면 질리고 혀가 마비돼요.

양파, 마늘, 토마토, 양배추 등 맛이 강한 채소를 기름에 볶고 끓여 소금으로 맛을 냈을 뿐인 미네스트로네를 대접하면 사람들이 모두 놀라요. 고기, 생선, 채소, 건어물, 유제품, 기름, 조미료 등 모든 재료에서 '감칠맛'과 '향'이 나온다는 사실을 알면 콩소메 스톡이 그다지 중요하지 않다는 것을 알게 됩니다. 이미 감칠맛이 충분한데 그 사실을 모르고 무심코 넣는 사람도 많습니다.

본연의 맛만으로 부족한 재료가 있을 수 있으니 콩소메 스톡을 상비하면 편리하고, 저도 사용할 때가 있습니다. 다만 맛을 더하는 정도면 충분해요. 오히려 적게 넣어야 본래 재료 각각의 맛을 느낄 수 있고, 매번 똑같은 맛이 되는 불상사도 막을 수 있죠. 요리할 때 평소 쓰던 양의 1/4 정도만 넣어도 충분합니다.

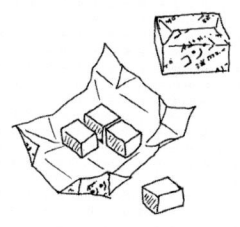

여주 수프

🕐 10분

（재료）	여주 중간 사이즈 1개(약 250g)
3~4인분	돼지고기 삼겹살(얇게 썬 것)
	100~120g
	참기름 1큰술
	다시마 10cm
	※과립형 다시도 OK
	소금 1작은술
	물 800㎖

"돌기가 반질반질하고
탄탄한 것이 신선하다."

（조리법）

1 여주는 세로로 잘라 숟가락으로 씨를 퍼내고, 끝에서부터 3mm 크기로 얇게
   썬다. 돼지고기는 먹기 편한 크기로 썰어 볼에 넣고 뜨거운 물을 부은 뒤 소
   쿠리에 건져 둔다.

2 냄비에 물 800㎖와 다시마를 넣고 약한 불로 끓인다.

3 물이 끓기 시작하면 다시마를 꺼내고, 소금 1작은술, 여주, 돼지고기를 넣는
   다. 거품을 걷어내며 중간 불로 3분 정도 끓인다.

4 여주가 익으면 맛을 보고 소금으로 간을 맞춘다. 불을 끄고 참기름을 두른다.

Tip 1   **여주 밑 손질**

숟가락을 이용해 여주의 폭신폭신한 속살까지 파낸다. 속살을
깨끗하게 제거하지 않아도 쓰지 않다. 끝에서부터 3mm 크기
로 얇게 썬다. 너무 두꺼우면 식감이 나쁘고 너무 얇으면 쓴맛
이 강하다.

Tip 2   **돼지고기 열탕하기**

이 한 단계를 거치면 맛이 깔끔해진다. 볼에 넣고 뜨거운 물을
부어도 좋고, 물을 끓인 냄비에 썬 고기를 넣어 젓가락으로 풀
어 주는 방법도 좋다. 속까지 익힐 필요는 없다. 돼지고기 표면
이 살짝 하얗게 변하면 된다.

가지와 보리차 수프

🕐 15분

재료

2인분

가지 4개
닭다리살 100g
샐러드유 1큰술
소금 1/2작은술
간장 2작은술
보리차 500㎖

"꽃받침이 빳빳한 것이 좋다."

조리법

1 가지 4개는 꼭지를 따고 필러로 껍질을 벗겨 가로로 반, 세로로 반 썰어 사등
분한 뒤, 물에 적셔 둔다. 닭고기는 잘게 썰어 볼에 넣고 뜨거운 물을 부은 뒤
소쿠리에 건져 둔다.

2 비닐봉지에 샐러드유 1큰술과 가지를 넣어 가지에 기름이 배게 섞어 준다.

3 비닐봉지에서 가지를 꺼내 내열 용기에 최대한 겹치지 않도록 늘어놓고,
500W 전자레인지로 7분(600W는 6분) 정도 가열한다.

4 보리차를 끓인 냄비에 닭고기와 소금 1/2작은술을 넣고 2분 정도 더 끓인다.

5 ④의 냄비에 가열한 가지를 넣어 다시 2분을 끓이고, 마지막으로 간장을 넣
고 불을 끈다. 열기가 가시면 냉장고에 넣어 차게 한다.

Tip 1 **가지의 가장 맛있는 부분**

가지의 가장 맛있는 부분은 꼭지 근처다. 버리면 아까우니 꼭
지의 아슬아슬한 곳까지 썰어준다. 남은 꽃받침은 가지의 살
을 최대한 남기며 둥글게 벗겨 준다.
(신선한 가지는 꽃받침의 가시가 뾰족하니 찔리지 않게 조심한다.)

가지는 살이 물렁물렁해서 식칼로 껍질을 벗기기 어렵다. 이
럴 때는 필러를 사용한다. 껍질을 벗기면 가로세로 각각 반으
로 썬다.

가지를 물로 가볍게 적시고 물기를 뺀 후 비닐봉지에 넣는다. 봉지에 샐러드유를 넣고 입구를 단단히 붙잡아 가볍게 흔들면 기름이 전체적으로 잘 밴다. 가지 겉면이 공기에 닿으면 금방 색이 변하니 빨리 처리해야 한다.

가지가 겹치지 않도록 내열 용기에 담아 전자레인지로 6~7분 간 가열한다(500W로 7분, 600W로 6분). 젓가락으로 집었을 때 자국이 금방 생기면 잘 익었다는 증거다.

큰 내열 용기가 없을 경우에는 4분간 전자레인지에 돌리고 일 단 꺼내, 위아래를 바꿔 또 3분을 돌리면 고르게 가열할 수 있 다. 가열한 가지는 더 물컹물컹해지므로 조심해서 다룬다.

구운 가지의 향까지 즐긴다

구운 가지와 보리차 냉수프

재료 2인분 기본 재료 + 구운 가지 + 생강

조리법

✓ 기본 조리법 1~3에서 가지는 껍질째 통째로 굽는 다. 그릴로 가지 양면을 각각 5분씩 센 불에서 구운 후, 식으면 껍질을 벗긴다.

✓ 기본 조리법 5에서 가열한 가지 대신 구운 가지를 넣으면 완성.

Tip 토핑으로 생강을 넣으면 잘 어울린다.

오이와 고등어 통조림 냉수프

🕐 20분(절임 시간 제외)

재료

2인분

오이 1개

고등어 통조림 1캔

목면 두부 1/2모(약 150g)

차조기 7~8장

볶은 깨(흰깨) 1큰술

된장 1.5~2큰술

※된장 염분에 따라 다름

물 300㎖

"연어 통조림도 좋다."

조리법

1   오이는 5mm 크기로 얇게 썬다. 소금(기본 재료 외 분량)을 살짝 뿌려 10분 정도 두었다가 가볍게 짜서 물기를 뺀다. 두부는 손으로 뜯어 키친타월에 올리고 물기를 뺀다. 흰깨를 간다.

2   볼에 된장과 간 깨를 넣고 물 300㎖를 조금씩 넣으며 잘 섞는다.

3   ②의 볼에 물기를 뺀 두부, 고등어 통조림, 오이를 넣고, 씻어서 물기를 제거한 차조기를 찢어 넣는다.

4   볼을 2시간~하룻밤 정도 냉장고에 넣어 차게 식힌다. 밥과 함께 먹는다.

Tip 1   **오이의 물기를 완벽하게 제거한다**

오이에 소금을 뿌려 10분 정도 두면 물이 나온다. 물은 버리고 키친타월로 남은 물기를 확실히 제거한다. 오이의 수분을 그대로 두면 수프 맛이 밍밍해질 수 있다. 두부 역시 물기를 제거해 준다.

Tip 2   **깨를 가는 방법**

냉수프의 맛을 내는 중요한 재료는 흰깨. 절구로 흰깨를 간다. 절구가 없다면 키친타월로 싸 머그잔 바닥 등으로 벅벅 갈면 된다. 알갱이가 조금 남은 상태가 이상적이다.

(시중에 판매하는 깻가루를 써도 좋다.)

토마토와 바질 냉수프

재료 2인분 기본 재료 + (오이와 두부와 차조기 대신) 토마토 + 바질

조리법

✓ 기본 조리법 1에서 오이와 두부 대신 토마토를 준비한다. 토마토는 수분이 많지만 감칠맛도 강해서 소금을 뿌리지 않고 그냥 썰어서 쓴다.

✓ 기본 조리법 3에서 오이, 두부, 차조기 대신 토마토를 넣는다. 고등어 통조림은 물 절임 통조림 말고 기름 절임 통조림을 써도 좋고, 참치 통조림으로 만들어도 좋다.

Tip 밥과 먹어도 맛있지만 가느다란 면의 파스타와 함께 먹어도 맛있다.

가지와 고등어 통조림 냉수프

재료 2인분 기본 재료 + (오이 대신) 가지

조리법

✓ 기본 조리법 1에서 오이 대신 가지 2개를 세로로 반 잘라 얇게 썬다. 소금을 뿌려 주물러 물기를 살짝 뺀 뒤에 사용한다.

Tip 가지는 오이와 달리 오래 절이지 않아도 된다.

Tip 양하*와 함께 먹으면 맛있다.

• 남부지방과 제주도에서 특히 즐겨 먹는 채소로 독특한 향과 아삭한 식감이 특징이다.

산뜻한
토마토 라면

🕐 25분

재료

2인분

방울토마토 1~2팩(250~300g)

대파 1개

생강 1조각

참기름 3큰술

소금 1작은술

액상 치킨 스톡 1/2작은술(과립형 가능)

중화면 2인분(인스턴트 라면 가능)

물 400㎖(수프용)

"요리용 방울토마토가 좋다."

조리법

1   토마토는 꼭지를 떼고 반으로 자른다. 대파는 뿌리 쪽 흰 부분을 5cm 정도 잘라 채 치고 나머지는 잘게 썬다. 생강도 잘게 다진다.

2   냄비에 참기름, 잘게 썬 파, 생강을 넣고, 센 불과 중간 불 사이의 화력으로 색이 들 때까지 볶는다. 노릇노릇하게 색이 변하면 다른 접시로 옮긴다.

3   ②의 냄비를 헹구지 말고, 그대로 토마토를 넣어 중간 불로 볶는다. 토마토가 익어 흐물흐물해지기 시작하면 물 400㎖, 액상 치킨 스톡 1/2작은술, 소금 1작은술을 넣고 중간 불로 5분간 끓인다.

4   다른 냄비에 중화면을 봉지에 적힌 시간만큼 삶는다. 물기를 뺀 면을 그릇에 담아 수프를 붓는다. 볶은 파와 채 친 파를 함께 장식한다.

Tip 1   파를 써는 두 가지 방법

장식용 파는 세로로 칼집을 넣어 심을 분리하고 바깥 부분을 펴서 채 친다. 볶음용 파는 세로로 십자가 형태의 칼집을 넣은 후 5~6mm 폭으로 썬다.

Tip 1   볶은 파를 만드는 방법

냄비에 잘게 썬 파, 생강, 참기름을 넣고 섞은 다음, 냄비 바닥에 얇게 편 후에 불을 켠다. 처음에는 센 불과 중간 불 사이의 화력에 뒤섞지 않고 그대로 둔다. 2분 정도 지나면 주변이 타기 시작한다. 파의 색이 제법 진해지면 뒤섞어 준다.
(탈 것 같으면 물 1큰술을 넣는다.)

"수프 아이디어를 어떻게 생각해 내세요?"

이런 질문을 자주 받아요. 이렇게 묻는 사람들은 입을 모아 "제가 만들면 맛이 전부 똑같아지는데 어떻게 하면 좋을까요?"라고 묻습니다. 수프도 일상생활도 매일매일의 반복이죠. 제 수프 레시피는 심플해서 쉽게 질리지 않지만, 그럼에도 똑같은 것이 반복되면 아무래도 신선함이 부족해집니다.

'그럴 때는 구운 파를 넣으면 맛있어요. 된장국에는 깨를 갈아 넣으면 풍미가 확 달라져요.' 이런 요령은 얼마든지 알려 드릴 수 있습니다. 그렇지만 남에게 들은 아이디어는 오래가지 못해요. 또 금방 질리게 됩니다.

수프는 물론이고 우리가 만드는 요리가 달라지지 않는 이유는 딱 하나예요. 무의식중에 똑같은 재료를 똑같은 방식으로 썰어 넣고 똑같이 만들기 때문이죠. 콩소메 스톡을 살 때도 무의식중에 늘 같은 제품을 장바구니에 담는다니까요.

저는 아침 수프를 만들면서 의식적으로 변화를 주려고 노력했어요. 맛국물을 바꾸고, 재료를 바꾸고, 써는 방법을 바꿨죠. 그랬더니 재미있게도 새로운 수프가 탄생했어요!

매일 수프를 만들기 시작하면서 제 생활은 자유로워졌답니다.

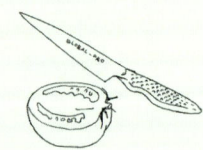

3장 | **가을**

Autumn

4종류
버섯 수프

🕐 20분

재료

2인분

버섯 4종류 400g
샐러드유 2큰술
멘쯔유(3배 농축) 70㎖
얇게 썬 돼지고기 50g
생강 1조각
전분 1작은술
물 300~400㎖

"송이버섯, 표고버섯, 잎새버섯,
새송이버섯, 팽이버섯 등이 좋다."

조리법

1   버섯은 밑동을 제거한 뒤, 손으로 찢는다. 표고버섯은 1cm 두께로 썬다.

2   프라이팬에 기름을 두르고 센 불에 올린다. 버섯을 넣어 뒤섞지 않고 굽는다.
노릇노릇 구운 자국이 생기면 뒤집어 뒷면도 노릇하게 굽는다.

3   ②의 프라이팬에 물로 희석한 멘쯔유를 붓고, 수분이 사라질 때까지 조린다.

4   냄비에 ③의 절반 분량과 물 300㎖, 2cm 폭으로 썬 돼지고기, 얇게 썬 생강
을 넣고 불에 올린다. 끓기 시작하면 국자로 거품을 걷어낸다.

5   고르게 익었는지 확인한 다음 맛을 보고 멘쯔유로 간을 맞춘다. 전분 1작은
술을 같은 양의 물에 녹인 전분물을 넣어 걸쭉하게 만들면 완성.

Tip 1   총 4종류 버섯 쓰기

좋아하는 버섯을 4종 고른다. 송이버섯, 표고버섯, 잎새버섯,
새송이버섯, 팽이버섯… 이 정도가 쓰기 편하다. 버섯을 4종류
이상 넣으면 맛과 향이 훨씬 깊어진다.

Tip 2   버섯은 씻지 않고 손으로 찢기

버섯은 '씻지 않고 손으로 찢는 것'이 조리의 기본이다. 마른
키친타월로 닦거나 가볍게 물로 헹구고 수분을 제거한다. '밑
동'은 딱딱해서 식감이 나쁘니 식칼로 잘라 준 다음 손으로 찢
는다. 표고버섯이나 새송이버섯처럼 덩치가 큰 버섯은 식칼로
썰어도 괜찮다.

바닥이 넓은 프라이팬을 사용해서 '뒤섞지 않고 센 불로' 익히는 것이 제일 중요하다. 기름이 달궈지면 버섯을 균일하게 펼쳐 놓고 센 불로 가열한다. 겹쳐진 버섯을 젓가락으로 살짝 펼치는 정도는 괜찮지만, 최대한 그대로 두고 가열한다.

버섯의 한쪽 면이 노릇노릇하게 구워지면 뒤집개로 뒤집어 뒷면도 굽는다.

버섯에서 구수한 향이 나기 시작하면 물로 희석한 멘쯔유를 넣어 섞고, 수분이 거의 사라질 때까지 조린다. 조린 버섯은 샐러드나 면과 함께 먹어도 된다. 만들어 놓으면 오래 두고 먹을 수 있다. 절반은 수프로 만들고, 나머지는 냉동 보관한다.

취향에 따라 매콤하게 즐긴다

두부와 버섯 중국식 수프

재료 2인분 기본 재료 + 두부 + 참기름

조리법

✓ 완성된 수프에 비단 두부 1/2모를 썰어서 넣고 익힌다.

✓ 참기름을 조금만 넣어도 맛이 크게 달라지고, 마늘이나 생강을 넣으면 또 색다른 맛이 난다.

Tip 취향에 따라 둥글게 썬 고추 1/2개를 넣으면 매콤하게 즐길 수 있다.

순무와 베이컨 포토푀

🕐 30분

"너무 크지 않은 것이 좋다."
"베이컨은 통베이컨!"

재료	
2인분	순무 1단(중간 사이즈 4~5개) 통베이컨 150g 소금 약 1/2작은술 머스터드 적당량 물 600~700㎖

조리법

1. 순무는 잎과 끝부분을 자르고 껍질을 벗긴다. 잎은 두 포기 분량(약 50g)을 5cm 정도 길이로 썰어 둔다. 통베이컨은 절반 두께로 썬다.

2. 냄비에 베이컨과 순무를 겹치지 않게 넣고, 물 600~700㎖를 바특하게 붓는다. 소금 1/2작은술 정도를 넣어 중간 불에 올린다.

3. 냄비가 끓기 시작하면 불을 낮춰 쿠킹시트나 알루미늄 포일을 뚜껑 덮듯이 냄비 속에 떨어뜨리고, 15분간 끓인다.

4. 순무 잎을 넣고, 순무를 꼬치로 찔러서 부드럽게 들어갈 때까지 약한 불에서 10~15분 정도 끓인다.

5. 수프 맛을 보고 소금으로 간을 맞춘다. 취향에 따라 머스터드를 곁들인다.

Tip 1 순무를 삶는 방법

순무가 겹치지 않고 들어갈 냄비에 순무와 베이컨을 넣고 재료가 잠길락 말락 바특하게 물을 붓는다. 물을 부으면 순무가 떠오르는데, 원래 순무의 높이 정도까지 물을 부으면 된다.

쿠킹시트 혹은 알루미늄 포일을 뚜껑 덮듯이 냄비 속에 떨어뜨려 15분 정도 끓인다. 순무 잎을 넣고 10~15분 더 끓인다. (뚜껑을 덮어 주면 수분 증발을 막을 수 있고 재료에 국물 맛이 고르게 배며 뭉크러짐도 방지할 수 있다.)

당근 수프

🕐 20분

재료

2인분

당근 2개
올리브유 1큰술
소금 1작은술
물 400~500㎖

"수염뿌리 간격이 균등할수록 맛있다."

조리법

1 당근은 꼭지를 따고 껍질을 벗겨 8mm 크기로 둥글게 썬다. 껍질도 버리지 않는다.

2 냄비에 당근, 올리브유, 소금 1작은술, 물 100㎖를 넣고 가볍게 뒤섞은 뒤, 한 쪽 구석에 껍질도 함께 넣어 15분간 뚜껑을 덮고 센 불과 중간 불 사이의 화 력으로 푹 삶는다. 도중에 물이 부족하면 더 붓는다.

3 당근이 완전히 부드러워지면 껍질을 꺼낸다. 물 350㎖를 더 붓고 끓인 후, 소 금으로 간을 맞춘다.

Tip 1 당근을 푹 삶는 요령

당근 껍질에서 나오는 감칠맛도 남김없이 사용하기 위해 껍질 도 냄비 한쪽에 넣어 준다. 나중에 꺼내야 하니 섞지 않는다.

이 수프를 끓일 때는 물을 많이 붓지 않는 것이 중요하다. 다소 적은 양의 물을 넣고 당근 자체의 수분만으로 달콤한 맛이 나 도록 삶는다. 물이 줄어들면 50㎖ 정도 더 붓는다. 당근은 당분 이 많아 물이 적으면 순식간에 타고 만다.

샐러드용 닭가슴살을 넣은 당근 수프

재료 2인분 기본 재료 + 샐러드용 닭가슴살

조리법

✔ 기본 조리법 2에서 당근을 삶기 시작해 7~8분 정도 지나면 냄비에 닭가슴살을 넣는다.

Tip 닭가슴살에는 염분이 있으니 기본 조리법보다 넣는 소금의 양을 줄인다.

✔ 취향에 따라 차갑게 해서 먹어도 맛있다.

당근과 유부 일본식 수프

재료 2인분 기본 재료 + 유부

조리법

✔ 유부는 뜨거운 물을 끼얹은 후에 키친타월로 눌러서 물기를 빼면 여분의 기름이 제거돼 맛이 깔끔해진다.

✔ 당근을 푹 삶은 뒤, 기본 조리법 3에서 1cm 폭으로 썬 유부를 넣어 준다.

Tip 당근은 꼭 둥글게 썰지 않아도 된다. 사진 속 당근은 세로로 사등분 한 후에 비스듬하게 썰었다.

Tip 올리브유를 샐러드유로 바꾸면 맛이 좀 더 부드러워진다.

냄비 수프를 만들 때 좋은 냄비를 소개합니다

수프를 만들 때 가장 중요한 도구라면 단연코 냄비입니다. 똑같은 수프도 냄비에 따라 조리법을 바꿔야 할 정도로 냄비의 영향력은 대단해요. 같은 시간과 화력으로 끓여도 냄비에 따라 익는 정도나 증발하는 수분량이 달라집니다. 그렇다고 냄비를 쉽게 바꿀 순 없으니 특정 냄비를 사라고 권할 수도 없어요. 다만 앞으로 냄비를 새로 살 사람들을 위해 제가 자주 쓰는 냄비 두 종류를 소개하려고 합니다.

먼저 두껍고 뚜껑도 잘 닫히는 양손 냄비입니다. 사이즈는 지름 20cm, 다층구조 스테인리스, 르크루제나 스토브와 같은 주물 소재 냄비를 추천해요. 밀폐도를 높이기 위해 뚜껑은 유리가 아닌 것이 좋습니다.

제가 만드는 수프는 채소를 볶거나 삶은 후에 물을 붓고 끓이는 유형이 많아요. 그러니 냄비가 잘 타지 않아야 하고, 뚜껑을 덮었을 때 증기가 날아가지 않는 것이 중요하죠. 다층구조 스테인리스는 일단 데워지면 열기가 잘 달아나지 않고 다루기도 쉬워서 쓰기 편합니다. 비싼 것이 아니어도 괜찮아요.

저는 르크루제, 또 무수분 냄비처럼 두꺼운 알루미늄 냄비를 즐겨 써요. 주물 냄비는 끓이는 요리에 적합한데, 조금 무거워서 아쉽죠. 양 많은 수프를 끓일 때는 무거우니까 한손 냄비 말고 양손 냄비를 씁니다. 유키히라 냄비(냄비 표면에 사각 홈이 팬 한손 냄비)나 얇은

법랑 냄비, 얇은 알루미늄 냄비는 재료가 바닥에 잘 달라붙고 온도를 안정적으로 유지하기 어려워서, 이 책에서 소개하는 수프와는 어울리지 않아요.

두 번째로 추천하는 냄비는 속이 깊은 프라이팬이에요. 노릇노릇 구운 자국을 내서 끓이는 수프에 써요. 속이 깊은 프라이팬은 물도 넉넉하게 들어가니 2인분 수프라면 얼마든지 만들 수 있죠. 22cm 사이즈가 2인분 수프에 적당해서 발품을 팔아 구했습니다.

쓰면 쓸수록 냄비 사이즈가 얼마나 중요한지 알게 돼요. 신발은 자기 사이즈와 0.5cm만 차이가 나도 발이 아파서 걷기 힘들죠? 냄비도 똑같아서, 채소들이 괴로우면 맛에도 영향을 미쳐요. 냄비가 너무 비좁아 재료가 꽉꽉 차지도, 너무 여유로워서 헤엄치지도 않는 적당한 사이즈가 채소에도 좋답니다.

손에 들었을 때의 무게나 감촉은 개인적입니다. 그러니 자기 감각에 따라 선택하면 돼요. 가게에 가서 직접 냄비 뚜껑을 열어 보고 손으로 들어 보세요. 요리할 때는 직감적으로 느껴지는 것이 중요합니다.

감자 크루통
수프

🕐 10분

재료

2인분

감자 큰 사이즈 1개(약 200g)

가쓰오부시 1봉지

소금 1/2작은술

샐러드유 적당량(200㎖ 정도)

뜨거운 물 300㎖

조리법

1 감자는 껍질을 벗겨 1cm 크기로 네모나게 썬다. 주전자 같은 포트에 가쓰오
부시와 소금 1/2작은술을 넣는다. 물 300㎖를 따로 끓여 둔다.

2 감자를 프라이팬에 넣고, 기름을 바특하게 부어 중간 불에 올린다. 종종 섞어
주며 색이 노릇노릇해질 때까지 8분 정도 튀긴다.

3 감자의 기름을 키친타월로 제거한 후 그릇에 담는다.

4 ①의 포트에 뜨거운 물 300㎖를 붓고 30초 정도 지나 가쓰오부시가 떠오르
면 감자를 담은 그릇에 천천히 붓는다.

Tip 1 **프라이팬에 기름을 바특하게 부어 튀기기**

감자를 튀길 때 기름 양은 바특하게! 즉, 1cm 크기로 네모나게
썬 감자의 끄트머리가 보일락 말락 하는 높이까지 기름을 붓
고 불을 켠다(프라이팬의 크기에 따라 적절한 양이 다르다). 기름
이 달궈지기 전에 감자를 넣으면 기름이 덜 튄다.

중간 불로 가열하면 지글지글 거품이 나온다. 감자는 서로 달
라붙는 성질이 있기 때문에 젓가락으로 섞어 주며 전체적으로
잘 튀겨지도록 한다. 네모난 감자가 노릇노릇 예쁜 색으로 변
할 때까지 약 8분 정도 튀긴다.

양파 수프

🕐 20분

<table>
<tr>
<td>

재료

1인분

</td>
<td>

양파 큰 사이즈 1개(250~300g)

버터 20g

소금 1/2작은술

흑후추 적당량

물 약 450~500㎖

</td>
<td>

</td>
</tr>
</table>

"껍질에 주름이 많고 윤기가 흐를수록 좋다."

조리법

1 양파는 껍질을 벗겨 얇게 썬다.

2 깊은 프라이팬에 양파, 소금 1/2작은술을 넣고, 물 100㎖를 부어 센 불에 올린다. 종종 냄비를 흔들어 주면서 5분 정도 가열하여 수분을 날린다.

3 ②의 프라이팬에 버터 20g을 넣고 재빨리 섞은 뒤, 냄비 바닥 전체에 양파를 펼치고 굽는다. 탈 것 같으면 물 50㎖를 붓고 수분을 다시 날린다. 이렇게 2번 반복해서 전체적으로 투명한 황갈색이 될 때까지 볶는다.

4 약 250㎖의 물을 부어 펄펄 끓인 다음, 소금으로 간을 맞춘다. 그릇에 담아 취향에 따라 흑후추를 뿌린다.

Tip 1 양파를 써는 방법

양파는 껍질째 세로로 이등분하고 절단면부터 껍질을 벗기면 편하다. 뿌리 쪽은 삼각형으로 잘라 준다.

절단면을 아래로 하고 결을 따라 얇게 썬다. 양파가 작아지면 옆으로 쓰러뜨려 썬다.

양파를 볶을 때는 물과 적당한 방치가 중요하다. '물'을 이용하면 약 10분 만에 양파를 갈색으로 볶을 수 있다.

냄비에 양파를 펼치고 잠시 그대로 둔다. 냄비 바닥이 타기 시작하면 물 50㎖를 붓는다. 주걱으로 눌어붙은 자국을 최대한 긁어 준다. 센 불이 좋지만, 타는 속도가 너무 빠르면 중간 불로 낮춘다.

수분이 다 날아가면 양파 볶기는 끝. 위의 과정을 2번 반복하면 맛있어 보이는 황갈색 양파가 완성되는데, 만약 색이 연하다면 1번 더 반복한다.

양파와 치즈의 행복한 조합

어니언 그라탱 수프

재료 1인분 기본 재료 + 바게트 + 치즈

조리법

✓ 완성된 양파 수프를 내열 용기에 담고, 얇게 썬 바게트 2조각을 얹은 다음 녹는 치즈 30g을 뿌린다.

  Tip 볶은 양파는 만들어서 냉동해 두면 편리하다.

✓ 오븐이나 토스터로 12~15분, 색이 변할 때까지 구우면 어니언 그라탱 수프 완성.

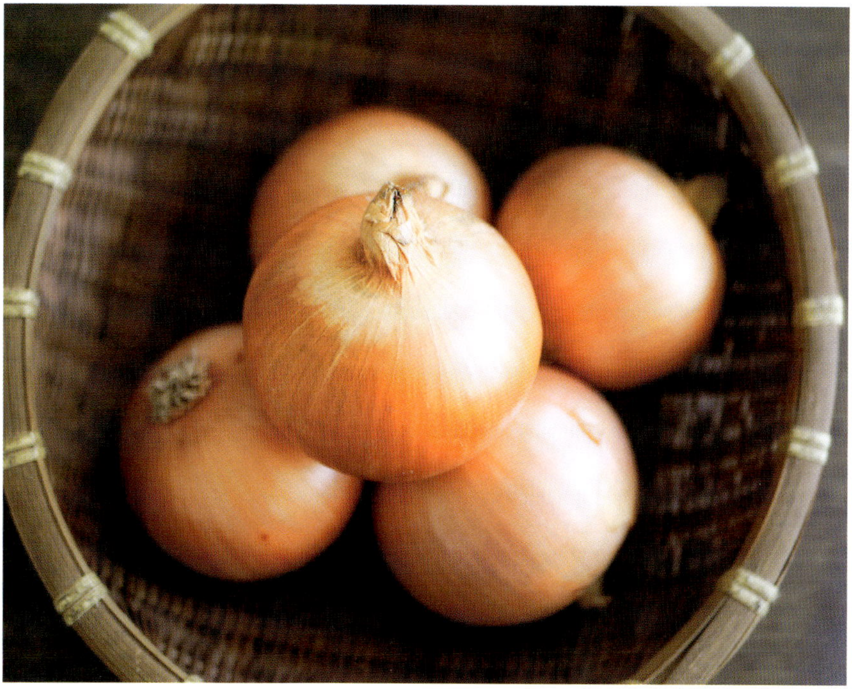

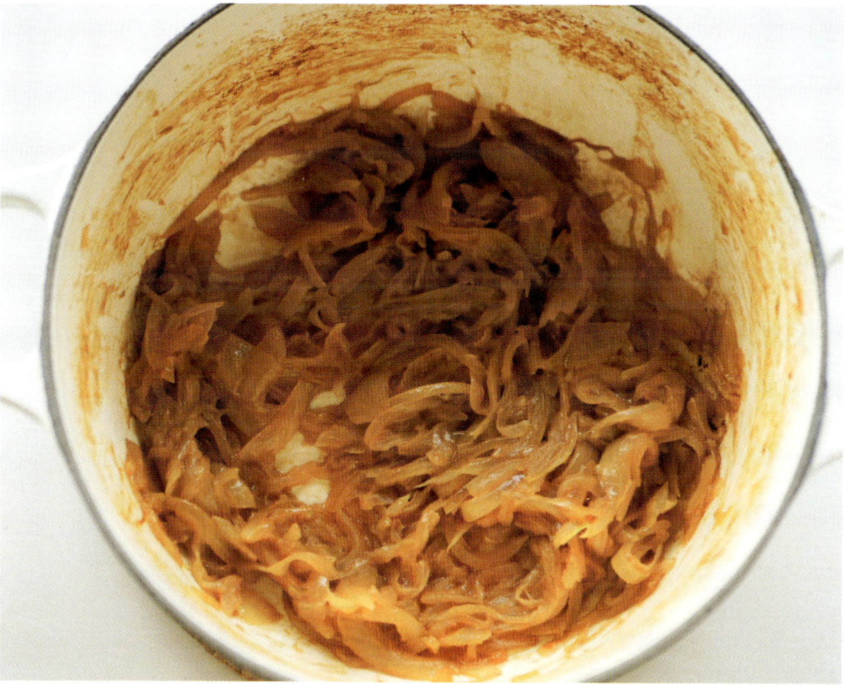

감자와 염돈
포토푀

약 2시간(재우는 시간 제외)

<table>
<tr><td>

재료

2인분</td><td>돼지고기(목살) 약 500g
굵은 소금 15g ※고기 중량의 3%
설탕 7.5g ※고기 중량의 1.5%
흑후추 적당량
감자 4개
머스터드 적당량
물 1200~1500㎖</td></tr>
</table>

재료

2인분

돼지고기(목살) 약 500g

굵은 소금 15g ※고기 중량의 3%

설탕 7.5g ※고기 중량의 1.5%

흑후추 적당량

감자 4개

머스터드 적당량

물 1200~1500㎖

"비계가 적당히 붙은 목살이 좋다."

조리법

1 굵은 소금, 설탕, 잘게 빻은 후추를 섞어 둔다. 반으로 썬 돼지고기와 조미료를 비닐봉지에 넣고 전체적으로 잘 주물러 준 후, 공기를 빼고 입구를 묶어 냉장고에서 최소 3일 이상, 가능하면 1주일쯤 재운다.

2 봉지에서 꺼낸 고기를 가볍게 씻은 후, 두꺼운 냄비에 넣는다. 고기가 잠길 높이까지 물을 가득 붓고 센 불에 올린다.

3 국자로 거품을 걷어내고, 약한 불로 줄여 30분마다 물을 넣으며 1시간 30분 정도 끓인다.

4 껍질을 벗긴 감자를 넣어 부드러워질 때까지 30~40분 끓인다.

5 고기를 썰어 감자와 함께 그릇에 담고, 머스터드를 곁들인다.

Tip 1 **돼지고기를 손질하는 간단한 방법**

돼지고기가 적으면 고기 육수가 수프에 충분히 배지 않으니 400g 이상 쓸 것을 추천한다. 소금 양은 고기의 3%가 적당하다(고기 500g에 소금 15g). 저울이 없다면 이렇게 계산한다.

굵은 소금: 1큰술 = 15g, 1작은술 = 5g, 설탕: 1큰술 = 13g, 1작은술 = 4g

비닐에 넣고 주물러서 소금이 전체적으로 잘 배게 하고, 공기를 최대한 뺀 뒤에 입구를 막아 냉장고에 넣는다. 최소 3일, 가능하면 1주일쯤 재우면 고기에서 수분이 빠져나가고 숙성된다. (비닐봉지에 남은 물은 버린다.)

'물의 양'과 '거품 제거'와 '불 조절'이 중요하다. 소금에 절인 고기 표면을 가볍게 씻은 후 냄비에 넣어 고기가 잠길 만큼 물을 붓는다. 냄비는 고기가 퐁당 들어갈 만큼 속이 깊은 것이 좋다. 단, 너무 커도 안 좋다.

물을 붓고 센 불에 올린다. 거품이 나오면 잠시 기다렸다가 한 꺼번에 걷어낸다. 그다음에 약한 불로 줄여 뚜껑을 덮지 않고 끓인다.

물이 줄어들어 고기가 보이면 물을 더 넣고 센 불로 올린다. 물이 끓기 시작하면 약한 불로 줄여 삶는다. 이 과정을 반복하며 1시간 30분 정도 끓인다.

기호에 따라 닭고기를 사용한 보양식

닭고기와 감자 포토푀

재료 2인분　기본 재료 + (염돈 대신) 염계

조리법

✓ 기본 조리법 **1**에서 돼지고기를 닭다리살(350~400g)로 바꿔서 준비한다. 닭고기는 돼지고기보다 빨리 상하기 때문에 소금에 절이는 기간은 1~3일 정도가 좋다.

　Tip 소금은 고기 중량의 2%면 충분하다.

✓ 뼈 없는 닭다리살을 사용할 경우, 기본 조리법 **3**에서 40분 정도 끓이면 충분하다.

시간이 없어서 요리를 못 한다는 사람이 많아요.

매일 시간에 쫓기며 살면서 요리까지 하기는 사실 쉽지 않죠. 요리 방송처럼 무엇을 만들지 메뉴가 이미 정해져 있고 "자, 다음은 돼지고기 100g이에요." 하고 재료를 건네주는 조수가 가정에는 없으니까요. 메뉴를 생각하고, 장을 보고, 만들어서 그릇에 담고, 다 먹으면 뒷정리를 하고, 남은 식품과 조미료도 확인하고…… 두뇌 노동과 육체노동이 합쳐진 요리를 하다 보면 작은 회사의 사장이 된 것처럼 눈이 핑핑 돌죠.

부족한 시간보다 분주한 마음이 우리를 더 초조하게 해요. 시간을 조금이라도 절약하려고 전자레인지로 채소볶음을 만들어도 시간에 쫓기는 상황이 그다지 나아지지 않으면(게다가 별로 맛도 없으면) 지치기도 합니다.

식습관을 바꾸기란 여간해서 쉬운 일이 아니지만, 과감하게 집밥 습관을 재정비하는 것도 좋은 방법이에요. 제철 채소로 만든 수프만으로도 식생활이 달라져요. 생각할 것이 수프 하나뿐이라면 부담도 줄고 마음에 여유가 생기죠. 매일 수프를 먹으면서 제 마음도 이렇게 달라졌답니다.

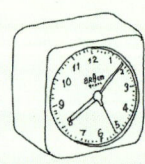

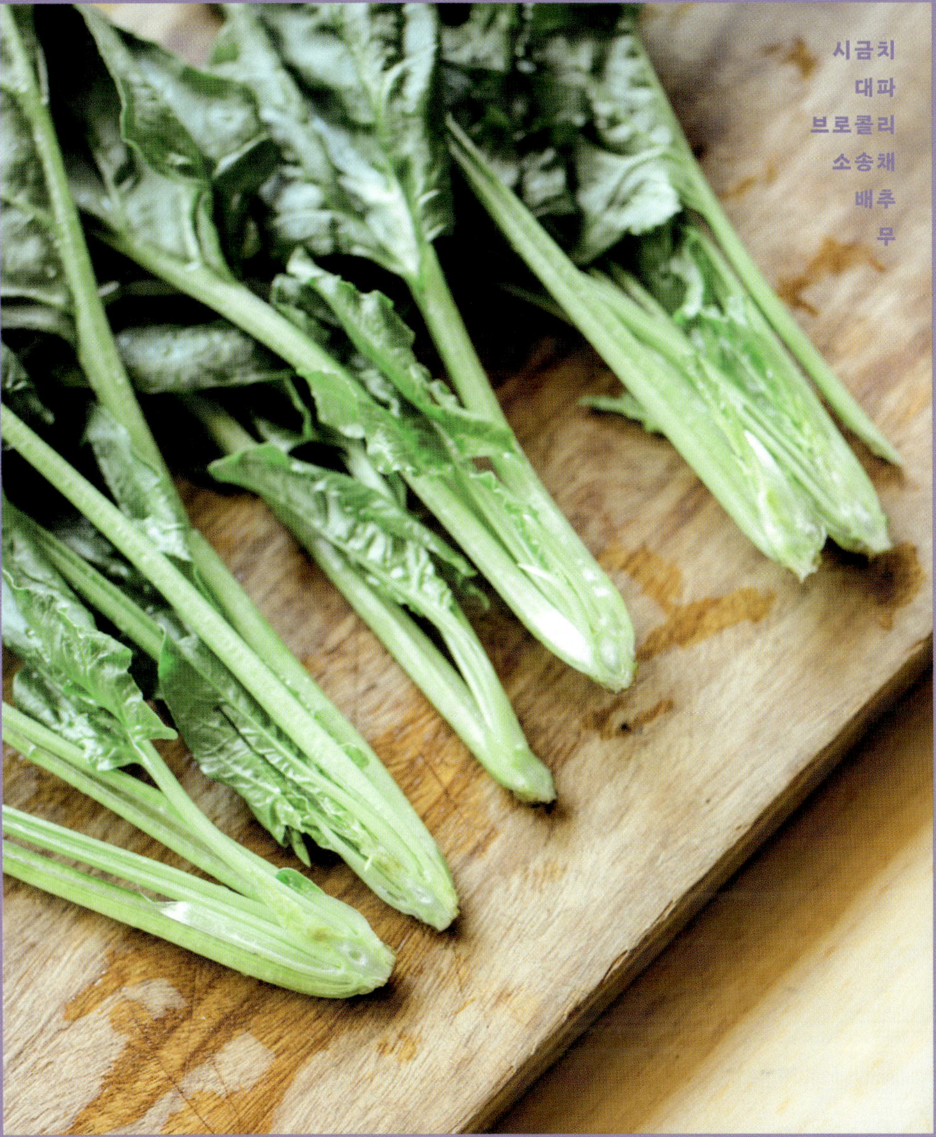
시금치
대파
브로콜리
소송채
배추
무

4장

겨울

Winter

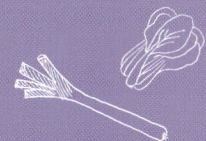

시금치 수프

🕐 30분

재료	시금치 1단(약 200g)
2인분	감자 중간 사이즈 1개
	양파 1/2개
	마늘 1조각
	올리브유 70㎖
	소금 1작은술
	후추 적당량
	물 400~500㎖

"기름을 넉넉히 사용할 것."

"잎이 두꺼워지고 줄기가 통통해지면 제철."

조리법

1 시금치 뿌리를 중심으로 흙을 털고 씻은 뒤, 포기가 굵은 것은 세로로 이등분한다. 감자는 껍질을 벗겨 반으로 자르고 1cm 두께로 썬다. 양파는 얇게 썰고, 마늘은 으깬다.

2 냄비에 ①의 채소를 넣고 소금 1작은술, 물 350㎖, 올리브유 70㎖를 넣어 뚜껑을 닫고, 센 불로 3분 정도 끓인다.

3 3분 후 긴 젓가락으로 전체를 한 번 뒤집고, 뚜껑을 덮어 중간 불로 끓인다.

4 종종 뚜껑을 열어 물의 양을 확인하고, 부족하면 부어 주면서 20분 정도 끓인다. 완성되면 소금으로 간을 맞추고, 취향에 따라 후추를 뿌린다.

Tip 1 잘 씻어서 썰기

줄기 속에 달라붙은 흙이 많으니 큰 볼에 물을 받아 잠깐 담가 두었다가 꺼내서 줄기를 손으로 헤치며 흐르는 물에 씻는다. 잎도 흔들어 씻어 준다. 물기를 제거하고, 포기가 굵은 것은 세로로 이등분한다.

Tip 2 삶는 요령

20cm 크기의 냄비(두꺼운 것이 적합)에 사진처럼 재료를 담는다. 물, 소금, 올리브유를 넣고 뚜껑을 덮어 그대로 삶는다.

시금치는 센 불에 3분 정도 삶으면 금방 숨이 죽어 작아진다. 3분 후 익는 시간이 오래 걸리는 감자가 아래로 오도록 바닥에서부터 전체적으로 뒤집어 준다. 다시 뚜껑을 닫아 중간 불로 끓인다.

파스타를 넣은 든든한 한 끼

녹색 채소 미네스트로네 파스타

재료 2인분 기본 재료 + 베이컨 + 쇼트 파스타

조리법

✔ 기본 조리법 2에서 기본 재료와 함께 베이컨 50g을 큼직하게 썰어 넣고 끓인다.

✔ 기본 조리법 4에서 쇼트 파스타(푸실리 등)와 물을 100㎖ 정도 넉넉하게 붓고 같이 끓인다. 파스타가 물을 흡수하므로 조금씩 더 부어 주면서 끓인다.

겨울 채소 건강식

소송채 수프

재료 2인분 기본 재료 + (시금치 대신) 소송채 1단

조리법

✔ 시금치 대신 겨울이 제철인 푸른 채소 소송채를 넣으면 부드러운 소송채 수프를 만들 수 있다.

Tip 감자 대신 순무를 넣어도 맛있다. 순무는 감자와 같은 분량만큼 넣는다.

구운 대파
심플 수프

🕐 20분

재료	대파 2개(하얀 부분 약 200g)
2인분	올리브유
	1큰술(참기름, 샐러드유도 OK)
	간장 1큰술
	소금 약간
	후추 약간
	물 500㎖

"지름 2cm 정도의 두꺼운 파가 좋다"

조리법

1 대파는 뿌리와 초록색 부분을 잘라내고, 3cm 크기로 길게 썬다.

2 깊은 프라이팬에 올리브유와 대파를 넣고 중간 불에 올린다. 누렇게 색이 변할 때까지 양면 합쳐 6분 정도 굽는다.

3 소금 두 자밤, 물 500㎖를 넣고 중간 불에서 10분간 끓인다. 간장 1큰술을 넣으면 완성이다. 그릇에 담아 후추를 뿌린다.

Tip 1 대파를 맛있게 굽기

'맛있게 굽기'의 정답은 사진 중 중앙에 있는 두 개다. 이 정도가 될 때까지 굽는다. 오른쪽은 덜 구워졌고, 왼쪽은 많이 구워졌다.

깊은 프라이팬에 올리브유를 두르고 3cm 크기로 썬 대파를 넣고 중간 불에 올린다. 처음 3분간은 대파의 표면이 갈색으로 변할 때까지 뒤섞지 말고 굽는다.

양면 합쳐 6분 정도 굽는다. 갈색의 표면이 맛을 결정한다. 이 정도로 구운 자국이 나야 수프에도 맛이 배고, 대파 자체도 맛있다.

구운 대파와 메밀국수의 환상 궁합

구운 대파와 돼지고기 난반[*]

재료 2인분 기본 재료 + 돼지고기 + 메밀국수

조리법

✓ 완성된 수프에 잘게 썬 돼지고기 80g을 넣는다. 이
  대로는 장국으로 쓰기에 부족하니 3배 농축한 멘
  쯔유를 2큰술 넣어 준다.

  Tip 닭고기로 만들면 닭고기 난반이 된다. 청주를 조금 넣
  어 줘도 좋다.

• 일본에 서구문물이 들어오면서 서양요리와 접목되어 발전한 일본요리를 부르는 말.

깔끔하고 고급스러운 맛

구운 대파와 닭고기 수프

재료 2인분 기본 재료 + 닭가슴살

조리법

✓ 한입 크기로 썬 닭가슴살 100g을 볼에 담아 뜨거
  운 물을 부어 살짝 데치고 소쿠리에 얹어 물기를
  뺀다.

✓ 닭가슴살을 기본 수프에 넣어 끓이면 완성.

브로콜리
토마토 수프

🕐 35분

"커팅된 토마토를 쓰면 썰지 않아도 된다."

"꽃봉오리가 단단히 뭉쳐 있고
봉긋하게 둥근 것이 좋다."

재료
2인분

브로콜리 1개
토마토 통조림 1캔
소금 1작은술
올리브유 60㎖
물 400㎖

조리법

1 브로콜리는 꽃봉오리와 줄기 모두 잘게 썬다.

2 냄비에 브로콜리를 넣고 그 위에 토마토 통조림을 붓는다. 올리브유 60㎖, 소금 1작은술을 넣은 뒤, 물 300㎖를 바특하게 부어 섞는다.

3 냄비를 중간 불에 올린다. 끓기 시작하면 중간 불과 약한 불 사이로 불을 줄이고 재료가 겹치지 않도록 흐트러뜨려 뚜껑을 덮는다. 20분 정도 지나면 물 100㎖를 더 넣는다.

4 브로콜리가 흐무러져서 부드러워질 때까지 10분 정도 더 끓인다. 맛을 보고 소금으로 간을 맞추면 완성이다.

Tip 1 브로콜리를 잘게 썬다

꽃봉오리와 줄기를 먼저 나눠 두면 썰기 편하다. 흐무러지게 하고 싶으니 잘게 썬다. 꽃봉오리는 3~4cm 크기로 썰면 좋다. 줄기는 세로로 몇 번 자른 후에 1.5~2cm 크기로 썰어 준다. 껍질을 벗기면 식감이 더 부드러워진다.

Tip 2 흐무러질 때까지 끓이기

이 수프는 끓이는 시간이 가장 중요하다. 수프가 끓는 동안 올리브유와 채소에서 나온 국물이 섞여 걸쭉해진다. 왼쪽 사진처럼 끓기 시작해 10분 정도 지났을 때는 아직 토마토와 브로콜리가 잘 섞이지 않은 상태다.

10분을 더 끓이면 브로콜리가 제법 부드러워지고 수프도 졸아
든다. 물이 줄어들어 재료가 보이면 물 100㎖가량을 더 붓고
10분간 끓인다. 브로콜리 꽃봉오리가 녹아내리듯이 흐무러지
면 완성!

브로콜리와 토마토 펜네

재료 2인분 기본 재료 + 펜네 + 분말 치즈

조리법

✓ 수프가 완성되면 물 100㎖를 더 넣고 펜네 같은 쇼
트 파스타 140g을 넣어 봉지에 표시된 시간만큼
끓인다. 파스타가 물을 흡수해 고개를 내밀면 물을
조금 더 넣어 준다.

✓ 마무리로 취향에 따라 분말 치즈를 뿌린다.

소시지를 넣은 브로콜리 수프

재료 2인분 기본 재료 + 소시지

조리법

✓ 소시지는 잘 터지므로 마지막 조리 단계에 넣는다.
작은 소시지는 아침 식사로, 프랑크푸르트 소시지
처럼 큰 것은 저녁 식사로 먹으면 좋다.

Tip 베이컨이나 닭고기 같은 생고기는 처음부터 같이 넣
고 끓인다.

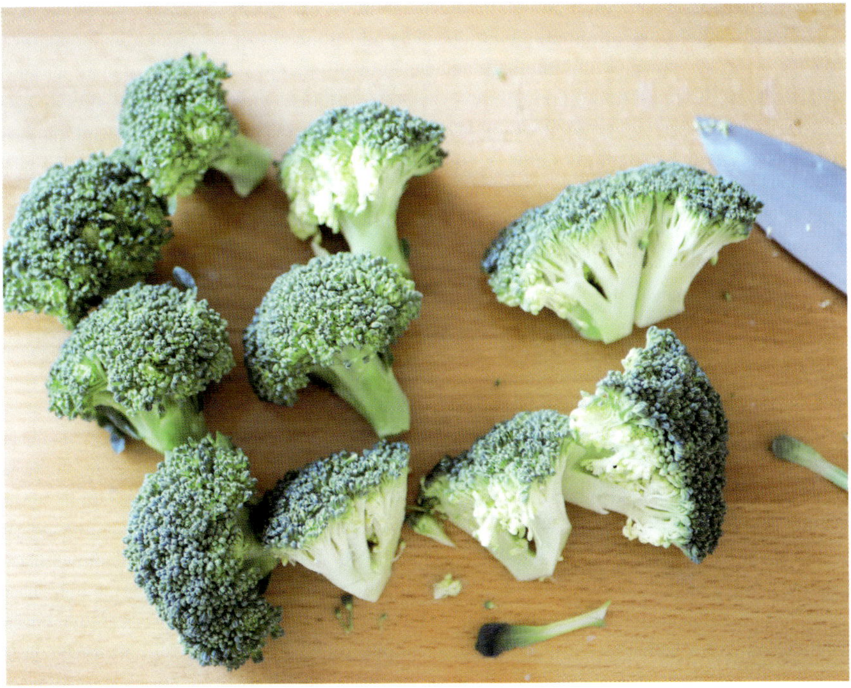

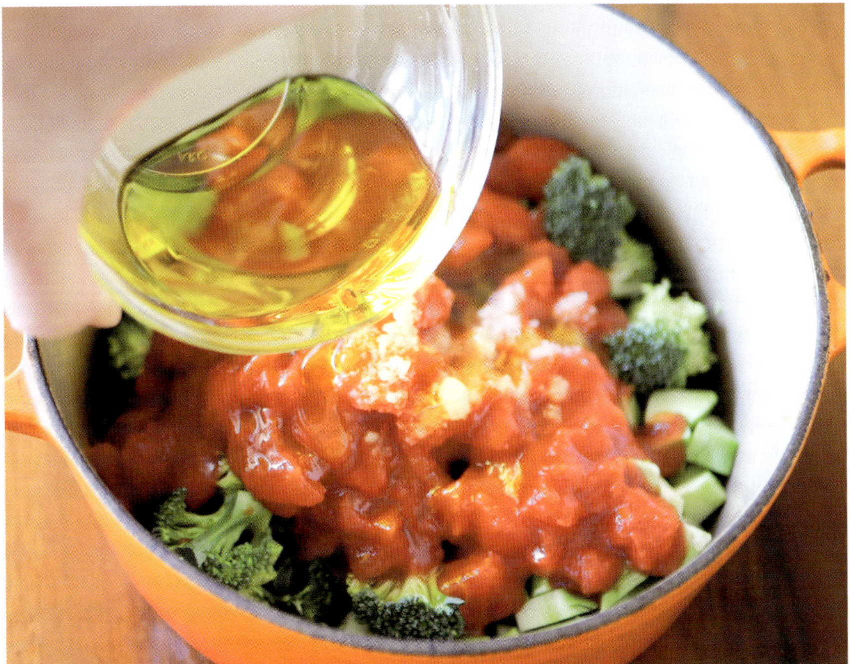

소송채
유부 된장국

🕐 10분

재료	소송채 1단(약 200g)
2인분	유부 1장
	된장 1.5~2큰술
	※된장 염분에 따라 다름
	과립형 다시 2/3작은술(2g가량)
	물 500㎖

"줄기가 굵고 잎이 두꺼운 것을 고른다."

조리법

1 소송채는 뿌리를 잘라 내고 4cm 크기로 큼직하게 썬다. 유부는 키친타월로 기름을 닦아 내고 1cm 폭으로 썬다.

2 냄비에 소송채, 물 50㎖를 넣고 뚜껑을 덮어 센 불에 올린다. 1분 후에 바닥에서부터 뒤집어 주고 2분 더 끓인다.

3 소송채의 숨이 죽으면 물 450㎖, 과립형 다시, 유부를 넣고 끓인다. 끓기 시작하면 된장을 넣는다.

밥에도 술에도 어울리는 국물 요리

소송채와 구운 유부, 생강과 파 된장국

재료 2인분 기본 재료 + 생강 + 파
조리법
✓ 기본 조리법 1에서 유부를 토스터기로 3분 정도 구워 둔다.
✓ 기본 조리법 3에서 생강을 갈고 파를 채 쳐서 넣으면 향을 낼 수 있다.

맛국물 쉽고 맛있게 만드는 방법을 알려 드립니다

'맛국물을 낸다'라는 말은, 재료를 끓이거나 담가두어 재료의 풍미가 물에 배게 하는 것이죠. 맛국물을 낸다고 하면 손이 많이 가는 특별한 작업이라고 여겨 겁을 먹는 사람도 많은데, 양배추를 끓이면 양배추 맛국물이고 무를 끓이면 무 맛국물이에요. 어떤 재료든 다 맛국물로 쓸 수 있답니다.

특히 일본식 된장국인 미소시루용 맛국물은 더 간단합니다. 된장이라는 든든한 맛의 정수가 있으니까요. 채소에 두부, 유부를 넣고 물을 부어 끓이기만 해도 맛있는 맛국물이 완성돼요. 조금 부족하다 싶으면 과립형 다시를 살짝 넣으면 됩니다.

다시마나 가쓰오부시, 멸치, 마른 표고버섯을 넣어 만드는 맛국물도 생각보다 간단하게 만들 수 있습니다. 간편하게 만들 수 있는 만능 재료는 역시 다시마와 멸치죠. 다시마는 산뜻한 국물, 멸치는 진하고 맛이 강한 국물이 됩니다.

가위로 국물용 다시마를 5cm 크기로 잘라 물 500ml에 5g(1~2장) 정도 담가둡니다. 냉장고에 넣어 하룻밤 재워도 좋아요. 시간이 부족할 때는 끓여서(펄펄 끓지 않도록 주의) 진한 다시마 맛국물을 낼 수 있어요.

멸치도 마찬가지예요. 물 500ml에 10g(5~6마리) 정도입니다. 머리와 내장을 제거하고 잠깐 물에 담갔다가 끓이면 맛 좋은 맛국물이

돼요. 다 끓였다면 멸치는 꺼내지 않고 건더기로 먹어도 좋습니다. 다
시마는 글루탐산, 멸치는 이노신산이 풍부해요. 이 두 재료를 합치면
상승효과로 더욱더 맛있어지니 꼭 한번 만들어 보세요.

어떤 방법으로 만들어도 좋아요. 누구든 쉽고 맛있게 만들 수 있
습니다.

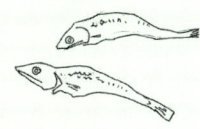

배추 닭고기 수프

🕐 20분

"잎과 잎 사이에 틈이 없는 것이 좋다."

재료	
2인분	배추 1/4포기(약 500g)
	생강 큰 것 1조각(50~60g)
	다진 닭다리살 100g
	소금 1작은술
	샐러드유 2큰술
	물 600~700㎖

조리법

1 배추는 가로 5cm, 세로 2cm 크기로 썰고 하얀 줄기와 잎을 대충 나눠 둔다. 생강은 준비한 양의 3/4을 간다. 닭다리살, 생강 간 것, 소금 1작은술, 물 200㎖를 잘 섞는다. 남은 생강은 채 쳐 따로 둔다.

2 배추 줄기를 먼저 냄비에 넣고 그 위에 잎을 얹은 뒤, 물 200㎖, 샐러드유 2큰술을 골고루 뿌리고 뚜껑을 덮어 중간 불에 올린다.

3 끓기 시작해 5분 정도 지나면 뚜껑을 열고 ①의 다진 고기를 골고루 뿌린다.

4 추가로 물 200~300㎖를 바특하게 넣고 배추가 부드러워질 때까지 10분 정도 약한 불로 끓인다. 마무리로 채 친 생강을 넣는다.

Tip 1 배추를 써는 방법과 끓이는 방법

배추가 너무 크다면 바깥쪽 잎은 떼어낸다. 수프에는 부드러운 안쪽이 잘 맞다. 옆으로 놓고 5cm 크기로 썬다. 이어서 세로로 놓고 결을 따라 2~3cm 크기로 썬다. 잎은 끓이면 쪼그라들기 때문에 줄기보다 큼직하게 썰어도 된다.

잘 익지 않는 줄기가 아래, 금방 익는 잎이 위로 오도록 냄비에 넣는다. 눈짐작으로 넣으면 된다. 냄비에 넣은 다음엔 뒤섞지 않는다. 물과 기름을 넣고 뚜껑을 덮어 가열한다.

이 수프는 생강의 양이 가장 중요하다. 분량대로 생강을 갈면 이렇게 많이 넣어도 괜찮을지 불안할 수도 있지만, 문제없다.

볼에 간 생강, 소금, 다진 고기, 물을 넣고 섞어 준다.

이렇게 미리 섞어 두면 다진 고기끼리 달라붙지 않고, 생강이나 소금이 한쪽으로 쏠리는 일 없이 잘 섞인다.

제철 무와 함께 따뜻한 겨울을

무와 소금, 생강을 넣은 수프

재료 2인분 기본 재료 + (배추 대신) 무

조리법

✓ 기본 조리법 **1**에서 배추 대신 무 15cm를 준비한다. 무를 5cm 크기로 썬 뒤에 껍질을 벗기고, 1cm 크기로 막대 썰기 한다. 이후 조리법은 같다.

Tip 무는 배추보다 익는 데 시간이 걸리기 때문에 첫 과정 때 10분간 끓인다.

생강을 넣은
마유 닭고기 수프

🕐 20분

재료

2인분

닭봉 300g
※날개살이나 다리살도 좋다
생강 50g
사케 180㎖
물 200~300㎖
참기름 2큰술
소금 취향에 따라

"뼈 있는 닭고기가 좋다."

"생강은 넉넉하게 준비한다."

조리법

1 냄비에 참기름 1큰술과 얇게 썬 생강을 넣고 색이 바뀔 때까지 중간 불에서 굽는다. 구운 생강을 그릇에 꺼내 놓는다.

2 ①의 냄비에 참기름 1큰술을 넣고, 닭봉이 노릇노릇해질 때까지 굽는다(속까지 다 익지 않아도 된다). 고기에 구운 자국이 생기면 꺼내 놓은 생강을 냄비에 다시 넣는다.

3 냄비에 사케 180㎖를 넣고, 닭고기가 잠기도록 물 200~300㎖를 붓는다.

4 고기가 다 익을 때까지 중간 불로 12분 정도 삶는다. 취향에 따라 소금을 뿌려 먹는다.

Tip 1 생강을 꼼꼼히 굽기

참기름을 냄비에 두르고, 껍질을 벗기지 않은 상태로 썬 생강을 겹치지 않도록 펼친다. 프라이팬보다는 두꺼운 냄비가 좋다(기름이 튀면 뚜껑을 덮어 준다). 뒤섞지 말고 앞뒤를 고르게 잘 구우면 생강 껍질이 쪼글쪼글해지면서 말린다. 꼼꼼하게 잘 구우면 향도 좋아진다.

Tip 2 소금은 취향대로

이 수프의 특징은 소금 간을 안 하고 조리하는 것이다. 소금을 넣지 않고 일단 한 입 먹어 보자. 술 특유의 순한 맛, 구운 생강의 달콤한 향, 닭고기 맛국물의 맛이 부드럽게 느껴진다. 소금을 따로 준비해 놓고 취향에 따라 넣는다.

구운 찹쌀떡을 넣은 떡국

🕐 10분

<table>
<tr><td>재료
2인분</td><td>찹쌀떡 2개
샐러드유 100~200㎖
※냄비 크기에 따라 다름
멘쯔유 70㎖(3배 농축)
무 5cm</td><td></td></tr>
</table>

"둥근 떡도 좋다."

조리법

1. 멘쯔유를 패키지에 적힌 '메밀국수 만들 때' 비율로 물에 희석해 데운다. 무는 껍질을 벗겨 강판에 갈고 물기를 살짝 짠다.

2. 프라이팬에 샐러드유를 2cm 높이까지 부어 달구고, 떡을 넣어 앞뒤로 뒤집으며 3분 정도 중간 불과 약한 불 사이의 불로 튀긴다. 떡이 부풀기 시작하면 프라이팬에서 건져 키친타월 위에 올려 기름기를 뺀다.

3. 국그릇에 튀긴 떡을 넣고 무 간 것을 얹고 멘쯔유를 붓는다.

Tip 1 프라이팬으로 떡을 튀기는 방법

냄비 사이즈에 따라 기름은 100~200㎖ 정도 필요하다. 냄비 바닥에서 2cm 높이까지 붓는다. 냄비는 뒷정리할 때를 고려해 깊은 프라이팬을 추천한다.

기름은 떡을 넣었을 때 절반쯤 잠기는 높이가 좋다. 긴 젓가락으로 살짝 들었다 놨다 하며 튀기면 구운 자국이 균등하게 생긴다.

중간 불과 약한 불 사이의 불에서 뒤집어가며 3분 정도 튀긴다. 떡이 볼록하게 부풀어 오르면 완성. 기름은 온도가 금방 올라가니 연기가 나면 약한 불로 줄이거나 프라이팬을 불에서 내려 온도를 낮춘다.

매실을 넣은
따뜻한 무즙

🕐 3분

"저염 절임이 아닌 것."

재료

1인분

둥글게 썬 무 5cm(약 200g)
매실 절임 큰 사이즈 1개
물 약 2큰술
※무의 크기에 따라 다름

"잎과 가까운 부분이 달고 맛있다."

조리법

1 무는 껍질을 벗기고 강판에 간다. 전자레인지에 가열 가능한 그릇에 간 무와 무즙을 같이 담고, 수분이 적으면 물을 부어 섞는다.

2 매실 절임을 찢어 무 간 것 위에 올리고, 씨앗도 그 안에 묻듯이 넣는다.

3 그릇에 랩을 씌워 500W 전자레인지에 2분(600W는 1분 30초)을 돌려 데운다.

Tip 1 무를 가는 방법

무를 둥글게 썰어 껍질을 벗기고 손으로 쥘 수 있는 크기가 되도록 세로로 이등분한다. 강판에 무의 절단면을 대고 돌려가며 간다. 갈 때 생기는 즙까지 전부 사용한다. 즙이 넘칠 수 있으니 별도의 접시를 미리 준비한다.

Tip 2 지나치게 가열하지 말 것

무 간 것을 먹어 보고 매콤하면 매운맛이 가실 때까지 15분 정도 그대로 둔다. 매실 절임은 손으로 5~6조각으로 찢고, 무 간 것에 파묻듯이 넣는다. 씨에서도 맛이 나오므로 버리지 말고 같이 넣는다.

전자레인지에 너무 오래 돌리면 식감이 나빠지고 무 특유의 풍미가 사라진다. 무를 다 익힐 필요는 없다. 따뜻한 정도가 맛있다.

"오늘 저녁에 뭐 먹을까?"

평화로운 일요일 오후, 많은 집에서 이런 대화가 시작됩니다.

"음, 돈가스?"

"튀긴 음식? 오늘은 좀 부담스러운데……."

"카레도 좋고."

"지금 만들기 시작하면 저녁때를 못 맞추지."

"그럼 피자 시킬까?"

"배달 음식은 안 돼. 냉장고에 남은 채소를 써야 하니까."

대화 분위기가 점점 무거워집니다. 이런 비슷한 대화 패턴, 경험 있는 사람이 의외로 많지 않나요?

특별한 메뉴가 없어 고민일 때 만들 수 있는 요리는 거기서 거기입니다. 만드는 사람은 넌지시 그 뜻을 전하는데 먹는 사람은 눈치가 없죠.

이 대화는 요리에서 도망치고 싶은 '만드는 사람'과 레스토랑에서 마음에 드는 메뉴를 고르는 감각으로 집에서도 밥을 먹을 수 있다고 믿는 '먹는 사람'이 나누는 허무한 대화입니다.

요즘처럼 먹을 것이 많은 시대가 또 있을까요? 단, 여기에는 '무엇을 먹든 상관없다면'이라는 전제가 붙습니다. 편의점 반찬으로 균형 잡힌 영양소를 섭취할 수 있을까? 외식해도 괜찮은 지갑 사정인가? 집에 남은 재료는 어떻게 처리하지? 낮에 먹은 메뉴랑 겹치진 않나? 건강 상태나 위장 상태는? 만드는 사람은 이런 퍼즐 조각 같은 요소들을 가지고 딱 맞는 답을 찾으려고 노력하죠. 이렇게 많은 것을 고려해야 하니 음식이 넘쳐나는 세상인데도 오늘 저녁상에 올릴 메뉴를 쉽게 결정하지 못하는 것도 당연합니다.

그렇지만 일주일의 끝이자 시작이기도 한 일요일 저녁에 싸우기는 싫죠. 쉽게 생각해 봐요. 자, 뭘 만들지 고민이 된다면 수프를 떠올려 보세요. 고기와 생선, 채소를(물론 남은 채소도 좋아요!) 넣고 끓여서 간단하게 맛을 낸 수프입니다. 저는 메뉴가 고민되는 일요일이면 우동이나 파스타 같은 주식이 될 재료를 듬뿍 넣은 수프를 만들어요. 한 끼 식사로도 부족함이 없는 이런 수프도 냄비 하나, 그릇 하나면 뚝딱 만들 수 있습니다.

만들기 쉽고 맛있고 말다툼할 필요도 없으며 든든하게 배를 채울 수 있는 요리를 알고 있다면 메뉴로 고민할 일도 줄어들 거예요.

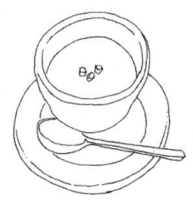

마무리하며

일본 나가노현 히라타니촌에서 토마토를 재배하는 가토 씨가 고원 토마토를 보내주셨어요. 가을 문턱에 막 들어선 무렵이었는데, 그 지역에서는 9월 토마토가 제일 맛있다고 합니다. 택배 상자를 열고 반질반질하게 빛나는 토마토를 본 순간, '아아, 최고의 식재료다!'라고 생각했어요. 그대로 먹어도 아주 달답니다.

생으로 먹어도 역시 맛있지만, 저는 토마토와 소금, 올리브유를 냄비에 넣고 보글보글 끓였어요. 완성된 토마토퓌레에 물을 조금 섞어 수프 접시에 담았더니 이것만으로도 완벽한, 새빨간 토마토 수프가 되더군요. 숟가락으로 퍼서 한 입 먹자마자 진한 토마토의 맛과 향이 입 안 가득 느껴졌어요. 눈앞에 여름 토마토 밭이 펼쳐진 것만 같았습니다.

『1일 1채소, 오늘의 수프』는 디지털 콘텐츠 플랫폼 「cakes」에서 2년간 연재한 글을 모은 책입니다. 1화는 '맛있는 토마토는 미네스트로네로 만드세요'라는 제목이었고, 이 책에서도 소개했습니다. 그 외에도 심플하고 맛있는 채소 수프를 많이 만들었어요.

저는 어떤 채소를 사용할지 먼저 정하고, 그다음에 레시피를 생각합니다. 숙제하는 기분으로 레시피를 만들고 원고를 완성해서 편집자에게 보내면 레시피를 따라 만들고 냉철하게 평가해 주셨어요.

"이 과정을 거치는 목적은 뭐죠? 꼭 필요한가요?", "이 재료는 슈퍼마켓 세 군데를 돌아봤는데 못 찾았어요.", "맛있는지 잘 모르겠는데요……." 매번 이런 과정을 거쳐 레시피가 탄생합니다. 아무리 맛있어도 만드는 방법이 어려우면 안 되고, 간단하게 만들 수 있어도 맛이 없으면 안 되니까요.

수프를 맛있게 만드는 방법은 아주 많아요. 볶은 양파나 향미 채소로 풍미를 내고, 부용이나 콩소메 스톡으로 감칠맛을 더하고, 케첩을 넣어 달게 하고, 버터로 진한 맛을 내고, 크루통으로 씹는 맛을 더하고, 파슬리나 바질이나 마늘로 향을 냅니다. 그렇게 만든 수프는 정말 맛있어요. 공을 들일수록 더욱 맛있습니다.

하지만 제가 만든 수프의 시작점은 최대한 간단한 요리법으로 채소를 먹는 것이었습니다. 채소는 그 자체로 충분히 맛있다는 믿음이 처음부터 있었던 거죠.

이 책에서는 최대한 간단하게 수프를 만드는 방법을 가르쳐 드립니다. 그렇지만 단순히 채소 수프를 만들기 위한 레시피를 가르치는 것만은 아니에요. 인생을 살면서 우리는 우리가 원하는 것을 손에 넣기 위해서 수많은 노력과 연구를 합니다. 그러나 수프처럼 소소한 요리를 하면서 재료도 요리 시간도 최소화하고 원하는 맛을 향해 거침없이 나아가는 경험을 한다면 일상생활에 큰 도움이 될 거예요. 목적지에 도달하는 방법이 딱 하나만은 아니라는 점을 알려 드리고 싶습니다.

올여름에도 제철 토마토로 토마토 수프를 많이 만들었습니다. 토마토가 주인공인 그 수프가 만드는 법은 간단하지만 뛰어난 맛을 자랑하는 것처럼 어쩌면 행복이란 생각보다 간단하게 얻을 수 있는 것일지도 모릅니다.

아리가 카오루

옮긴이 이소담

동국대학교에서 철학 공부를 하다가 일본어의 매력에 빠졌다. 읽는 사람에게 행복을 주는 책을 우리말로 아름답게 옮기는 것이 꿈이고 목표이다. 옮긴 책으로는 《양과 강철의 숲》《당신의 마음을 정리해 드립니다》《오늘의 인생》《같이 걸어도 나 혼자》《다시 태어나도 엄마 딸》《빵과 수프, 고양이와 함께하기 좋은 날》《십 년 가게》외 다수가 있다.

1일 1채소, 오늘의 수프

1판 1쇄 인쇄 2021년 4월 15일
1판 1쇄 발행 2021년 4월 26일

지은이 아리가 카오루
옮긴이 이소담

발행인 양원석 **편집장** 김건희 **책임편집** 신채윤
디자인 신자용, 김미선 **영업마케팅** 조아라, 신예은

펴낸 곳 ㈜알에이치코리아
주소 서울시 금천구 가산디지털2로 53, 20층 (가산동, 한라시그마밸리)
편집문의 02-6443-8868 **도서문의** 02-6443-8800
홈페이지 http://rhk.co.kr
등록 2004년 1월 15일 제2-3726호

ISBN 978-89-255-8874-2 (13590)